गीता पठनम्

A Critical Guide to Recite the Bhagavad-Gita
With Sanskrit Text

Prof. Ratnakar Narale

PUSTAK BHARATI
BOOKS - INDIA

Author :

Dr. Ratnakar Narale, Ph.D (IIT), Ph.D. (Kalidas Sanskrit Univ.)
   Prof. Hindi. Ryerson University, Toronto.

Title :

Gita Pathanah, with Sanskrit Text

Shlokas of the Bhagavad Gita are arranged in 8 syllable sections and two columns for proper singing and recitation. The text is printed in bigger size Devanagari Sanskrit Font for comfortable reading.

Published by :

Pustak Bharati (Books-India)
www.pustak-bharati-canada.com

Published for :

Sanskrit Hindi Research Institute, Toronto

Available at : www.amazon.com

ISBN : 978-1-897416-19-8

Copywrite 2019

© All rights reserved. No part of this book may be copied, reproduced or utilised in any manner or by any means, computerised, e-mail, scanning, photocopying or by recording in any information storage and retrieval system, without the permission in writing from the author.

THE COVER STORY

दिव्यौ शंखौ प्रदध्मतुः ।

Scene of Lord Krishna's dialogue with Arjuna

according to the verses of the Gītā

for story explanation, see next page

Scene of Lord Krishna's dialogue with Arjuna, according to the verses of the Gītā

श्रीमद्भगवद्गीतायाः प्रसङ्गः।

1. During the dialogue (संवादमिदम् अद्भुतम् Gita 18.76), <u>horses</u> of the chariot were <u>standing</u>, they were NOT running. Gītā was not spoken in a running chariot (स्थापयित्वा रथोत्तमम् Gita 1.24).

2. Krishna and Arjuna were <u>sitting in the chariot</u> (रथोपस्थ <u>उपाविषत्</u> Gita 1.47). Even though the pose looks very nice for a sketch, they were NEITHER standing or sitting on the ground nor standing on the chariot. During the dialogue, Arjuna was sitting in the middle part of the chariot. Krishna was sitting at the front, talking to Arjuna. At the behest of Krishna (तस्मात् <u>उत्तिष्ठ</u> Gita 11.33), finally at the end of the last chapter, Arjuna said, "I <u>will</u> stand up" (करिष्ये वचनं तव Gita 18.73)

3. Arjuna was sitting sadly in the <u>middle part</u> of the chariot. He was NOT sitting at the back or in the front chambers of the chariot (रथोपस्थे उपाविषत् Gita 1.47, upastha = middle part) . It means Arjuna had a big chariot (महति स्यन्दने स्थितौ Gita 1.14 and रथोत्तमम् Gita 1.24), and <u>it had three chambers</u>. It had white horses (श्वेतैर्हयैर्युक्ते Gita 1.14).

4. Arjuna <u>removed and</u> kept his bow and quivers of arrows <u>in the chariot</u> itself. They were NOT thrown on the ground (<u>विसृज्य</u> सशरं चापं Gita 1.47).

5. During the dialogue, Arjuna's face was <u>dejected</u> (शोकसंविग्नमानसः Gita 1,47). He was NOT excited like a mad warrior, standing at the front of the chariot eager to fight (न योत्स्ये Gita 2.9). Lord Krishna had a pleasant face (<u>प्रहसन्निव</u> Gita 2.10), sitting on the chariot.

6. During the dialogue, both armies were standing quitely in the background, oblivious and non-functional. No one was engaged in fighting, arrows were not flying, slaughtered men were not lying in the pool of blood...etc. Gita is NOT a book on war. It is book of righteous (धर्मक्षेत्रे Gita 1.1) spiritual guidance (धर्म्यं संवादमावयोः Gita 18.70), for all times.

7. It was a <u>day time</u>.

8. Arjuna's chariot had a flag bearing Hanumana's image (<u>कपिध्वजः</u> Gita 1.20)

9. Lord Krishna's divine (दिव्यौ Gita 1.14) conch shell (पाञ्चजन्यम् हृषीकेषः Gita 1.15) and Arjuna's divine conch shell (देवदत्तं धनञ्जयः Gita 1.15) are part of the scene. Lord Krishna was nor bearing the *Sudarshana-chakra*. During the Gita, Krishna was only an unarmed charioteer.

10. The Pandavas were on the 'right' side (धर्म्यं Gita 18.70).

INDEX

The Cover Story	मुखपृष्ठम्	
THE GITA	गीता	3
Gita Chapter 1, The Yoga of Melancholy	विषादयोगोपनिषत्	3
Gita Chapter 2, The Yoga of Renunciation of Authorship of Karma	सांख्ययोगोपनिषत्	8
Gita Chapter 3, The Yoga of Duty	कर्मयोगोपनिषत्	15
Gita Chapter 4, The Yoga of Knowledge, Conduct and Renunciation	ज्ञानकर्मसंन्यासयोगोपनिषत्	19
Gita Chapter 5, The Yoga of Conduct and Renunciation	कर्मसंन्यासयोगोपनिषत्	23
Gita Chapter 6, The Yoga of Self-Control	आत्मसंयमयोगोपनिषत्	26
Gita Chapter 7, The Yoga of Knowledge and Science	ज्ञान-विज्ञानयोगोपनिषत्	30
Gita Chapter 8, The Yoga of Comprehending the Immutable Brahma	अक्षरब्रह्मयोगोपनिषत्	33
Gita Chapter 9, The Yoga of Most Mysterious Knowledge	राजविद्याराजगुह्ययोगोपनिषत्	36
Gita Chapter 10, The Yoga of Divinr Personification	विभूतियोगोपनिषत्	39
Gita Chapter 11, The Yoga of Universal Manifestation	विश्वरूपदर्शनयोगोपनिषत्	43
Gita Chapter 12, The Yoga of Devotion	भक्तियोगोपनिषत्	48
Gita Chapter 13, The Yoga of the Body and its Knower	क्षेत्रक्षेत्रज्ञविभागयोगोपनिषत्	50
Gita Chapter 14, The Yoga of the Three Attributes	गुणत्रयविभागयोगोपनिषत्	54
Gita Chapter 15, The Yoga of the Supreme Being	पुरुषोत्तमयोगोपनिषत्	56
Gita Chapter 16, The Yoga of the Divine and Demonic Attitudes	दैवासुरसंपद्विभागयोगोपनिषत्	58
Gita Chapter 17, The Yoga of Three Forms of Faith	श्रद्धात्रयविभागयोगोपनिषत्	61
Gita Chapter 18, The Yoga of Renunciation and Liberation	मोक्षसंन्यासयोगोपनिषत्	63-70

1

The Anuṣṭubha Metre

The earliest and most important work on the Sam˜skṛt prosody is the *Pińgala-ćhanda-śāstra*. Most popular among the metres used for the *ślokas* of the Sam˜skṛt epics, such as Rāmayaṇa and Mahābhārata, is the celebrated *anuṣṭubh* metre.

In general a meter with 32 syllables is *anuṣṭubh* metre. For their lyrical value and in order to maintain uniformity, *Ratnakar-Bhagavad-Gita* composed in the *anuṣṭubh* metre is included in this book.

There are many types of the *anuṣṭubh* metre, however, the one that is used in the composition of the Sam˜skṛt *ślokas* (√*ślok*, to praise in verses) follows the following definition, itself written in the *anuṣṭubh* metre.

श्लोके षष्ठं सदा दीर्घं लघु च पञ्चमं तथा ।
अक्षरं सप्तमं दीर्घं तृतीये प्रथमे पदे ।
चतुष्पादस्य श्रीयुक्तो वाल्मीकिकविना कृतः ।
द्वात्रिंशद्वर्णयुक्तो हि छन्दोऽनुष्टुभ् स कथ्यते ।।

- रत्नाकरः

In the above definition I say that, in a *śloka* (verse), there are four quarters (*pāda*), each with eight syllables. The fifth syllable of each quarter should be short (*laghu*), the sixth long (*dīrhga*), and the seventh alternately long and short in the odd and even quarters. e.g. (गीता : 1.1)

धर्मक्षेत्रे कुरुक्षेत्रे समवेता युयुत्सवः ।
मामकाः पाण्डवाश्चैव किमकुर्वत संजय ।।

NOTE

While reciting Gita Shlokas, sing the characters 8-8 । 8-8 ।।,
as arranged in this book.

अथ श्रीमद्भगवद्गीता प्रारभ्यते ।

CHAPTER 1
प्रथमोऽध्यायः

विषादयोगः
YOGA OF THE MELANCHOLY
(THE YOGA THAT OVERWHELMED AND HUMBLED ARJUNA)

धृतराष्ट्र उवाच

1.1 धर्मक्षेत्रे कुरुक्षेत्रे समवेता युयुत्सवः ।
　　मामकाः पाण्डवाश्चैव किमकुर्वत सञ्जय ॥

सञ्जय उवाच

1.2 दृष्ट्वा तु पाण्डवानीकं व्यूढं दुर्योधनस्तदा ।
　　आचार्यमुपसङ्गम्य राजा वचनमब्रवीत् ॥

1.3 पश्यैतां पाण्डुपुत्राणाम् आचार्य महतीं चमूम् ।
　　व्यूढां द्रुपदपुत्रेण तव शिष्येण धीमता ॥

1.4 अत्र शूरा महेष्वासा भीमार्जुनसमा युधि ।
　　युयुधानो विराटश्च द्रुपदश्च महारथः ॥

1.5 धृष्टकेतुश्चेकितानः काशिराजश्च वीर्यवान् ।
　　पुरुजित्कुन्तिभोजश्च शैब्यश्च नरपुङ्गवः ॥

1.6 युधामन्युश्च विक्रान्त उत्तमौजाश्च वीर्यवान् ।
　　सौभद्रो द्रौपदेयाश्च सर्व एव महारथाः ॥

1.7 अस्माकं तु विशिष्टा ये तान्निबोध द्विजोत्तम ।
　　नायका मम सैन्यस्य संज्ञार्थं तान्ब्रवीमि ते ॥

1.8 भवान्भीष्मश्च कर्णश्च कृपश्च समितिञ्जयः ।

अश्वत्थामा विकर्णश्च सौमदत्तिस्तथैव च ॥

1.9 अन्ये च बहवः शूरा मदर्थे त्यक्तजीविताः ।
नानाशस्त्रप्रहरणाः सर्वे युद्धविशारदाः ॥

1.10 अपर्याप्तं तदस्माकं बलं भीष्माभिरक्षितम् ।
पर्याप्तं त्विदमेतेषां बलं भीमाभिरक्षितम् ॥

1.11 अयनेषु च सर्वेषु यथाभागमवस्थिताः ।
भीष्ममेवाभिरक्षन्तु भवन्तः सर्व एव हि ॥

1.12 तस्य सञ्जनयन्हर्षं कुरुवृद्धः पितामहः ।
सिंहनादं विनद्योच्चैः शङ्खं दध्मौ प्रतापवान् ॥

1.13 ततः शङ्खाश्च भेर्यश्च पणवानकगोमुखाः ।
सहसैवाभ्यहन्यन्त स शब्दस्तुमुलोऽभवत् ॥

1.14 ततः श्वेतैर्हयैर्युक्ते महति स्यन्दने स्थितौ ।
माधवः पाण्डवश्चैव दिव्यौ शङ्खौ प्रदध्मतुः ॥

1.15 पाञ्चजन्यं हृषीकेशो देवदत्तं धनञ्जयः ।
पौण्ड्रं दध्मौ महाशङ्खं भीमकर्मा वृकोदरः ॥

1.16 अनन्तविजयं राजा कुन्तीपुत्रो युधिष्ठिरः ।
नकुलः सहदेवश्च सुघोषमणिपुष्पकौ ॥

1.17 काश्यश्च परमेष्वासः शिखण्डी च महारथः ।
धृष्टद्युम्नो विराटश्च सात्यकिश्चापराजितः ॥

1.18 द्रुपदो द्रौपदेयाश्च सर्वशः पृथिवीपते ।
सौभद्रश्च महाबाहुः शङ्खान्दध्मुः पृथक्पृथक् ॥

1.19 स घोषो धार्तराष्ट्राणां हृदयानि व्यदारयत् ।

नभश्च पृथिवीं चैव तुमुलो व्यनुनादयन् ।।

1.20 अथ व्यवस्थितान्दृष्ट्वा धार्तराष्ट्रान्कपिध्वजः ।
प्रवृत्ते शस्त्रसम्पाते धनुरुद्यम्य पाण्डवः ।।

1.21 हृषीकेशं तदा वाक्यम् इदमाह महीपते ।
सेनयोरुभयोर्मध्ये रथं स्थापय मेऽच्युत ।।

अर्जुन उवाच

1.22 यावदेतान्निरीक्षेऽहं योद्धुकामानवस्थितान् ।
कैर्मया सह योद्धव्यम् अस्मिन्रणसमुद्यमे ।।

1.23 योत्स्यमानानवेक्षेऽहं य एतेऽत्र समागताः ।
धार्तराष्ट्रस्य दुर्बुद्धेः युद्धे प्रियचिकीर्षवः ।।

सञ्जय उवाच

1.24 एवमुक्तो हृषीकेशो गुडाकेशेन भारत ।
सेनयोरुभयोर्मध्ये स्थापयित्वा रथोत्तमम् ।।

1.25 भीष्मद्रोणप्रमुखतः सर्वेषां च महीक्षिताम् ।
उवाच पार्थ पश्यैतान् समवेतान्कुरूनिति ।।

1.26 तत्रापश्यत्स्थितान्पार्थः पितॄनथ पितामहान् ।
आचार्यान्मातुलान्भ्रातॄन् पुत्रान्पौत्रान्सखींस्तथा ।।
श्वशुरान्सुहृदश्चैव सेनयोरुभयोरपि ।

1.27 तान्समीक्ष्य स कौन्तेयः सर्वान्बन्धूनवस्थितान् ।
कृपया परयाविष्टो विषीदन्निदमब्रवीत् ।।

अर्जुन उवाच

1.28 दृष्ट्वेमं स्वजनं कृष्ण युयुत्सुं समुपस्थितम् ।

1.29 सीदन्ति मम गात्राणि मुखं च परिशुष्यति ।
वेपथुश्च शरीरे मे रोमहर्षश्च जायते ॥

1.30 गाण्डीवं स्रंसते हस्तात् त्वक्चैव परिदह्यते ।
न च शक्नोम्यवस्थातुं भ्रमतीव च मे मनः ॥

1.31 निमित्तानि च पश्यामि विपरीतानि केशव ।
न च श्रेयोऽनुपश्यामि हत्वा स्वजनमाहवे ॥

1.32 न काङ्क्षे विजयं कृष्ण न च राज्यं सुखानि च ।
किं नो राज्येन गोविन्द किं भोगैर्जीवितेन वा ॥

1.33 येषामर्थे काङ्क्षितं नो राज्यं भोगाः सुखानि च ।
त इमेऽवस्थिता युद्धे प्राणांस्त्यक्त्वा धनानि च ॥

1.34 आचार्याः पितरः पुत्राः तथैव च पितामहाः ।
मातुलाः श्वशुराः पौत्राः श्यालाः सम्बन्धिनस्तथा ॥

1.35 एतान्न हन्तुमिच्छामि घ्नतोऽपि मधुसूदन ।
अपि त्रैलोक्यराज्यस्य हेतोः किं नु महीकृते ॥

1.36 निहत्य धार्तराष्ट्रान्नः का प्रीतिः स्याज्जनार्दन ।
पापमेवाश्रयेदस्मान् हत्वैतानाततायिनः ॥

1.37 तस्मान्नार्हा वयं हन्तुं धार्तराष्ट्रान्स्वबान्धवान् ।
स्वजनं हि कथं हत्वा सुखिनः स्याम माधव ॥

1.38 यद्यप्येते न पश्यन्ति लोभोपहतचेतसः ।
कुलक्षयकृतं दोषं मित्रद्रोहे च पातकम् ॥

1.39 कथं न ज्ञेयमस्माभिः पापादस्मान्निवर्तितुम् ।

कुलक्षयकृतं दोषं प्रपश्यद्भिर्जनार्दन ॥

1.40 कुलक्षये प्रणश्यन्ति कुलधर्माः सनातनाः ।
धर्मे नष्टे कुलं कृत्स्नम् अधर्मोऽभिभवत्युत ॥

1.41 अधर्माभिभवात्कृष्ण प्रदुष्यन्ति कुलस्त्रियः ।
स्त्रीषु दुष्टासु वार्ष्णेय जायते वर्णसङ्करः ॥

1.42 सङ्करो नरकायैव कुलघ्नानां कुलस्य च ।
पतन्ति पितरो ह्येषां लुप्तपिण्डोदकक्रियाः ॥

1.43 दोषैरेतैः कुलघ्नानां वर्णसङ्करकारकैः ।
उत्साद्यन्ते जातिधर्माः कुलधर्माश्च शाश्वताः ॥

1.44 उत्सन्नकुलधर्माणां मनुष्याणां जनार्दन ।
नरकेऽनियतं वासो भवतीत्यनुशुश्रुम ॥

1.45 अहो वत महत्पापं कर्तुं व्यवसिता वयम् ।
यद्राज्यसुखलोभेन हन्तुं स्वजनमुद्यताः ॥

1.46 यदि मामप्रतीकारम् अशस्त्रं शस्त्रपाणयः ।
धार्तराष्ट्रा रणे हन्युः तन्मे क्षेमतरं भवेत् ॥

सञ्जय उवाच

1.47 एवमुक्त्वार्जुनः सङ्ख्ये रथोपस्थ उपाविशत् ।
विसृज्य सशरं चापं शोकसंविग्नमानसः ॥

इति श्रीमद्भगवद्गीतासूपनिषत्सु ब्रह्मविद्यायां योगशास्त्रे
श्रीकृष्णार्जुनसंवादेऽर्जुनविषादयोगो नाम प्रथमोऽध्यायः ।

CHAPTER 2
द्वितीयोऽध्यायः

साङ्ख्ययोगः
YOGA OF KNOWLEDGE OF RENUNCIATION OF THE AUTHORSHIP OF KARMA

सञ्जय उवाच

2.1 तं तथा कृपयाविष्टम् अश्रुपूर्णाकुलेक्षणम् ।
विषीदन्तमिदं वाक्यम् उवाच मधुसूदनः ।।

श्रीभगवानुवाच

2.2 कुतस्त्वा कश्मलमिदं विषमे समुपस्थितम् ।
अनार्यजुष्टमस्वर्ग्यम् अकीर्तिकरमर्जुन ।।

2.3 क्लैब्यं मा स्म गमः पार्थ नैतत्त्वय्युपपद्यते ।
क्षुद्रं हृदयदौर्बल्यं त्यक्त्वोत्तिष्ठ परन्तप ।।

अर्जुन उवाच

2.4 कथं भीष्ममहं सङ्ख्ये द्रोणं च मधुसूदन ।
इषुभिः प्रतियोत्स्यामि पूजार्हावरिसूदन ।।

2.5 गुरूनहत्वा हि महानुभावान् श्रेयो भोक्तुं भैक्ष्यमपीह लोके ।
हत्वार्थकामांस्तु गुरूनिहैव भुञ्जीय भोगान्रुधिरप्रदिग्धान् ।।

2.6 न चैतद्विद्मः कतरन्नो गरीयो यद्वा जयेम यदि वा नो जयेयुः ।
यानेव हत्वा न जिजीविषामः तेऽवस्थिताः प्रमुखे धार्तराष्ट्राः ।।

2.7 कार्पण्यदोषोपहतस्वभावः पृच्छामि त्वां धर्मसम्मूढचेताः ।
यच्छ्रेयः स्यान्निश्चितं ब्रूहि तन्मे शिष्यस्तेऽहं शाधि मां त्वां प्रपन्नम् ।।

2.8 न हि प्रपश्यामि ममापनुद्यात् यच्छोकमुच्छोषणमिन्द्रियाणाम् ।
अवाप्य भूमावसपत्नमृद्धं राज्यं सुराणामपि चाधिपत्यम् ॥

सञ्जय उवाच

2.9 एवमुक्त्वा हृषीकेशं गुडाकेशः परन्तप ।
न योत्स्य इति गोविन्दम् उक्त्वा तूष्णीं बभूव ह ॥

2.10 तमुवाच हृषीकेशः प्रहसन्निव भारत ।
सेनयोरुभयोर्मध्ये विषीदन्तमिदं वचः ॥

श्रीभगवानुवाच

2.11 अशोच्यानन्वशोचस्त्वं प्रज्ञावादांश्च भाषसे ।
गतासूनगतासूंश्च नानुशोचन्ति पण्डिताः ॥

2.12 न त्वेवाहं जातु नासं न त्वं नेमे जनाधिपाः ।
न चैव न भविष्यामः सर्वे वयमतः परम् ॥

2.13 देहिनोऽस्मिन्यथा देहे कौमारं यौवनं जरा ।
तथा देहान्तरप्राप्तिः धीरस्तत्र न मुह्यति ॥

2.14 मात्रास्पर्शास्तु कौन्तेय शीतोष्णसुखदुःखदाः ।
आगमापायिनोऽनित्याः तांस्तितिक्षस्व भारत ॥

2.15 यं हि न व्यथयन्त्येते पुरुषं पुरुषर्षभ ।
समदुःखसुखं धीरं सोऽमृतत्वाय कल्पते ॥

2.16 नासतो विद्यते भावो नाभावो विद्यते सतः ।
उभयोरपि दृष्टोऽन्तः त्वनयोस्तत्त्वदर्शिभिः ॥

2.17 अविनाशि तु तद्विद्धि येन सर्वमिदं ततम् ।
विनाशमव्ययस्यास्य न कश्चित्कर्तुमर्हति ॥

2.18 अन्तवन्त इमे देहा नित्यस्योक्ताः शरीरिणः ।
     अनाशिनोऽप्रमेयस्य तस्माद्युद्ध्यस्व भारत ॥

2.19 य एनं वेत्ति हन्तारं यश्चैनं मन्यते हतम् ।
     उभौ तौ न विजानीतो नायं हन्ति न हन्यते ॥

2.20 न जायते म्रियते वा कदाचित् नायं भूत्वा भविता वा न भूयः ।
     अजो नित्यः शाश्वतोऽयं पुराणो न हन्यते हन्यमाने शरीरे ॥

2.21 वेदाविनाशिनं नित्यं य एनमजमव्ययम् ।
     कथं स पुरुषः पार्थ कं घातयति हन्ति कम् ।

2.22 वासांसि जीर्णानि यथा विहाय नवानि गृह्णाति नरोऽपराणि ।
     तथा शरीराणि विहाय जीर्णानि अन्यानि संयाति नवानि देही ॥

2.23 नैनं छिन्दन्ति शस्त्राणि नैनं दहति पावकः ।
     न चैनं क्लेदयन्त्यापो न शोषयति मारुतः ॥

2.24 अच्छेद्योऽयमदाह्योऽयम् अक्लेद्योऽशोष्य एव च ।
     नित्यः सर्वगतः स्थाणुः अचलोऽयं सनातनः ॥

2.25 अव्यक्तोऽयमचिन्त्योऽयम् अविकार्योऽयमुच्यते ।
     तस्मादेवं विदित्वैनं नानुशोचितुमर्हसि ॥

2.26 अथ चैनं नित्यजातं नित्यं वा मन्यसे मृतम् ।
     तथापि त्वं महाबाहो नैवं शोचितुमर्हसि ॥

2.27 जातस्य हि ध्रुवो मृत्युः ध्रुवं जन्म मृतस्य च ।
     तस्मादपरिहार्येऽर्थे न त्वं शोचितुमर्हसि ॥

2.28 अव्यक्तादीनि भूतानि व्यक्तमध्यानि भारत ।

अव्यक्तनिधनान्येव तत्र का परिदेवना ॥

2.29 आश्चर्यवत्पश्यति कश्चिदेनम् आश्चर्यवद्वदति तथैव चान्यः ।
आश्चर्यवच्चैनमन्यः शृणोति श्रुत्वाप्येनं वेद न चैव कश्चित् ॥

2.30 देही नित्यमवध्योऽयं देहे सर्वस्य भारत ।
तस्मात्सर्वाणि भूतानि न त्वं शोचितुमर्हसि ॥

2.31 स्वधर्ममपि चावेक्ष्य न विकम्पितुमर्हसि ।
धर्म्याद्धि युद्धाच्छ्रेयोऽन्यत् क्षत्रियस्य न विद्यते ॥

2.32 यदृच्छया चोपपन्नं स्वर्गद्वारमपावृतम् ।
सुखिनः क्षत्रियाः पार्थ लभन्ते युद्धमीदृशम् ॥

2.33 अथ चेत्त्वमिमं धर्म्यं सङ्ग्रामं न करिष्यसि ।
ततः स्वधर्मं कीर्तिं च हित्वा पापमवाप्स्यसि ॥

2.34 अकीर्तिं चापि भूतानि कथयिष्यन्ति तेऽव्ययाम् ।
सम्भावितस्य चाकीर्तिः मरणादतिरिच्यते ॥

2.35 भयाद्रणादुपरतं मंस्यन्ते त्वां महारथाः ।
येषां च त्वं बहुमतो भूत्वा यास्यसि लाघवम् ॥

2.36 अवाच्यवादांश्च बहून् वदिष्यन्ति तवाहिताः ।
निन्दन्तस्तव सामर्थ्यं ततो दुःखतरं नु किम् ॥

2.37 हतो वा प्राप्स्यसि स्वर्गं जित्वा वा भोक्ष्यसे महीम् ।
तस्मादुत्तिष्ठ कौन्तेय युद्धाय कृतनिश्चयः ॥

2.38 सुखदुःखे समे कृत्वा लाभालाभौ जयाजयौ ।
ततो युद्धाय युज्यस्व नैवं पापमवाप्स्यसि ॥

2.39 एषा तेऽभिहिता साङ्ख्ये बुद्धिर्योगे त्विमां शृणु ।
बुद्ध्या युक्तो यया पार्थ कर्मबन्धं प्रहास्यसि ॥

2.40 नेहाभिक्रमनाशोऽस्ति प्रत्यवायो न विद्यते ।
स्वल्पमप्यस्य धर्मस्य त्रायते महतो भयात् ॥

2.41 व्यवसायात्मिका बुद्धिः एकेह कुरुनन्दन ।
बहुशाखा ह्यनन्ताश्च बुद्धयोऽव्यवसायिनाम् ॥

2.42 यामिमां पुष्पितां वाचं प्रवदन्त्यविपश्चितः ।
वेदवादरताः पार्थ नान्यदस्तीति वादिनः ॥

2.43 कामात्मनः स्वर्गपरा जन्मकर्मफलप्रदाम् ।
क्रियाविशेषबहुलां भोगैश्वर्यगतिं प्रति ॥

2.44 भोगैश्वर्यप्रसक्तानां तयाऽपहृतचेतसाम् ।
व्यवसायात्मिका बुद्धिः समाधौ न विधीयते ॥

2.45 त्रैगुण्यविषया वेदा निस्त्रैगुण्यो भवार्जुन ।
निर्द्वन्द्वो नित्यसत्त्वस्थो निर्योगक्षेम आत्मवान् ॥

2.46 यावानर्थ उदपाने सर्वतः सम्प्लुतोदके ।
तावान्सर्वेषु वेदेषु ब्राह्मणस्य विजानतः ॥

2.47 कर्मण्येवाधिकारस्ते मा फलेषु कदाचन ।
मा कर्मफलहेतुर्भूः मा ते सङ्गोऽस्त्वकर्मणि ॥

2.48 योगस्थः कुरु कर्माणि सङ्गं त्यक्त्वा धनञ्जय ।
सिद्ध्यसिद्ध्योः समो भूत्वा समत्वं योग उच्यते ॥

2.49 दूरेण ह्यवरं कर्म बुद्धियोगाद्धनञ्जय ।

बुद्धौ शरणमन्विच्छ कृपणाः फलहेतवः ।।

2.50 बुद्धियुक्तो जहातीह उभे सुकृतदुष्कृते ।
तस्माद्योगाय युज्यस्व योगः कर्मसु कौशलम् ।।

2.51 कर्मजं बुद्धियुक्ता हि फलं त्यक्त्वा मनीषिणः ।
जन्मबन्धविनिर्मुक्ताः पदं गच्छन्त्यनामयम् ।।

2.52 यदा ते मोहकलिलं बुद्धिर्व्यतितरिष्यति ।
तदा गन्तासि निर्वेदं श्रोतव्यस्य श्रुतस्य च ।।

2.53 श्रुतिविप्रतिपन्ना ते यदा स्थास्यति निश्चला ।
समाधावचला बुद्धिः तदा योगमवाप्स्यसि ।।

अर्जुन उवाच

2.54 स्थितप्रज्ञस्य का भाषा समाधिस्थस्य केशव ।
स्थितधीः किं प्रभाषेत किमासीत व्रजेत किम् ।।

श्रीभगवानुवाच

2.55 प्रजहाति यदा कामान् सर्वान्पार्थ मनोगतान् ।
आत्मन्येवात्मना तुष्टः स्थितप्रज्ञस्तदोच्यते ।।

2.56 दुःखेष्वनुद्विग्नमनाः सुखेषु विगतस्पृहः ।
वीतरागभयक्रोधः स्थितधीर्मुनिरुच्यते ।।

2.57 यः सर्वत्रानभिस्नेहः तत्तत्प्राप्य शुभाशुभम् ।
नाभिनन्दति न द्वेष्टि तस्य प्रज्ञा प्रतिष्ठिता ।।

2.58 यदा संहरते चायं कूर्मोऽङ्गानीव सर्वशः ।
इन्द्रियाणीन्द्रियार्थेभ्यः तस्य प्रज्ञा प्रतिष्ठिता ।।

2.59 विषया विनिवर्तन्ते निराहारस्य देहिनः ।

रसवर्जं रसोऽप्यस्य परं दृष्ट्वा निवर्तते ॥

2.60 यततो ह्यपि कौन्तेय पुरुषस्य विपश्चितः ।
इन्द्रियाणि प्रमाथीनि हरन्ति प्रसभं मनः ॥

2.61 तानि सर्वाणि संयम्य युक्त आसीत मत्परः ।
वशे हि यस्येन्द्रियाणि तस्य प्रज्ञा प्रतिष्ठिता ॥

2.62 ध्यायतो विषयान्पुंसः सङ्गस्तेषूपजायते ।
सङ्गात्सञ्जायते कामः कामात्क्रोधोऽभिजायते ॥

2.63 क्रोधाद्भवति सम्मोहः सम्मोहात्स्मृतिविभ्रमः ।
स्मृतिभ्रंशाद्बुद्धिनाशो बुद्धिनाशात्प्रणश्यति ॥

2.64 रागद्वेषवियुक्तैस्तु विषयानिन्द्रियैश्चरन् ।
आत्मवश्यैर्विधेयात्मा प्रसादमधिगच्छति ॥

2.65 प्रसादे सर्वदुःखानां हानिरस्योपजायते ।
प्रसन्नचेतसो ह्याशु बुद्धिः पर्यवतिष्ठते ॥

2.66 नास्ति बुद्धिरयुक्तस्य न चायुक्तस्य भावना ।
न चाभावयतः शान्तिः अशान्तस्य कुतः सुखम् ॥

2.67 इन्द्रियाणां हि चरतां यन्मनोऽनुविधीयते ।
तदस्य हरति प्रज्ञां वायुर्नावमिवाम्भसि ॥

2.68 तस्माद्यस्य महाबाहो निगृहीतानि सर्वशः ।
इन्द्रियाणीन्द्रियार्थेभ्यः तस्य प्रज्ञा प्रतिष्ठिता ॥

2.69 या निशा सर्वभूतानां तस्यां जागर्ति संयमी ।
यस्यां जाग्रति भूतानि सा निशा पश्यतो मुनेः ॥

2.70 आपूर्यमाणमचलप्रतिष्ठं समुद्रमापः प्रविशन्ति यद्वत् ।
तद्वत्कामा यं प्रविशन्ति सर्वे स शान्तिमाप्नोति न कामकामी ।।

2.71 विहाय कामान्यः सर्वा न् पुमांश्चरति निःस्पृहः ।
निर्ममो निरहङ्कारः स शान्तिमधिगच्छति ।।

2.72 एषा ब्राह्मी स्थितिः पार्थ नैनां प्राप्य विमुह्यति ।
स्थित्वास्यामन्तकालेऽपि ब्रह्मनिर्वाणमृच्छति ।।

इति श्रीमद्भगवद्गीतासूपनिषत्सु ब्रह्मविद्यायां योगशास्त्रे
श्रीकृष्णार्जुनसंवादे साङ्ख्ययोगो नाम द्वितीयोऽध्यायः ।

CHAPTER 3
तृतीयोऽध्यायः

कर्मयोगः

THE YOGA OF DUTY

अर्जुन उवाच

3.1 ज्यायसी चेत्कर्मणस्ते मता बुद्धिर्जनार्दन ।
तत्किं कर्मणि घोरे मां नियोजयसि केशव ।।

3.2 व्यामिश्रेणेव वाक्येन बुद्धिं मोहयसीव मे ।
तदेकं वद निश्चित्य येन श्रेयोऽहमाप्नुयाम् ।।

श्रीभगवानुवाच

3.3 लोकेऽस्मिन्द्विविधा निष्ठा पुरा प्रोक्ता मयानघ ।
ज्ञानयोगेन साङ्ख्यानां कर्मयोगेन योगिनाम् ।।

3.4 न कर्मणामनारम्भात् नैष्कर्म्यं पुरुषोऽश्नुते ।
न च संन्यसनादेव सिद्धिं समधिगच्छति ।।

3.5 न हि कश्चित्क्षणमपि जातु तिष्ठत्यकर्मकृत् ।
कार्यते ह्यवशः कर्म सर्वः प्रकृतिजैर्गुणैः ॥

3.6 कर्मेन्द्रियाणि संयम्य य आस्ते मनसा स्मरन् ।
इन्द्रियार्थान्विमूढात्मा मिथ्याचारः स उच्यते ॥

3.7 यस्त्विन्द्रियाणि मनसा नियम्यारभतेऽर्जुन ।
कर्मेन्द्रियैः कर्मयोगम् असक्तः स विशिष्यते ॥

3.8 नियतं कुरु कर्म त्वं कर्म ज्यायो ह्यकर्मणः ।
शरीरयात्रापि च ते न प्रसिद्ध्येदकर्मणः ॥

3.9 यज्ञार्थात्कर्मणोऽन्यत्र लोकोऽयं कर्मबन्धनः ।
तदर्थं कर्म कौन्तेय मुक्तसङ्गः समाचर ॥

3.10 सहयज्ञाः प्रजाः सृष्ट्वा पुरोवाच प्रजापतिः ।
अनेन प्रसविष्यध्वम् एष वोऽस्त्विष्टकामधुक् ॥

3.11 देवान्भावयतानेन ते देवा भावयन्तु वः ।
परस्परं भावयन्तः श्रेयः परमवाप्स्यथ ॥

3.12 इष्टान्भोगान्हि वो देवा दास्यन्ते यज्ञभाविताः ।
तैर्दत्तानप्रदायैभ्यो यो भुङ्क्ते स्तेन एव सः ॥

3.13 यज्ञशिष्टाशिनः सन्तो मुच्यन्ते सर्वकिल्बिषैः ।
भुञ्जते ते त्वघं पापा ये पचन्त्यात्मकारणात् ॥

3.14 अन्नाद्भवन्ति भूतानि पर्जन्यादन्नसम्भवः ।
यज्ञाद्भवति पर्जन्यो यज्ञः कर्मसमुद्भवः ॥

3.15 कर्म ब्रह्मोद्भवं विद्धि ब्रह्माक्षरसमुद्भवम् ।
तस्मात्सर्वगतं ब्रह्म नित्यं यज्ञे प्रतिष्ठितम् ॥

3.16 एवं प्रवर्तितं चक्रं नानुवर्तयतीह यः ।
अघायुरिन्द्रियारामो मोघं पार्थ स जीवति ॥

3.17 यस्त्वात्मरतिरेव स्यात् आत्मतृप्तश्च मानवः ।
आत्मन्येव च सन्तुष्टः तस्य कार्यं न विद्यते ॥

3.18 नैव तस्य कृतेनार्थो नाकृतेनेह कश्चन ।
न चास्य सर्वभूतेषु कश्चिदर्थव्यपाश्रयः ॥

3.19 तस्मादसक्तः सततं कार्यं कर्म समाचर ।
असक्तो ह्याचरन्कर्म परमाप्नोति पूरुषः ॥

3.20 कर्मणैव हि संसिद्धिम् आस्थिता जनकादयः ।
लोकसङ्ग्रहमेवापि सम्पश्यन्कर्तुमर्हसि ॥

3.21 यद्यदाचरति श्रेष्ठः तत्तदेवेतरो जनः ।
स यत्प्रमाणं कुरुते लोकस्तदनुवर्तते ॥

3.22 न मे पार्थास्ति कर्तव्यं त्रिषु लोकेषु किञ्चन ।
नानवाप्तमवाप्तव्यं वर्त एव च कर्मणि ॥

3.23 यदि ह्यहं न वर्तेयं जातु कर्मण्यतन्द्रितः ।
मम वर्त्मानुवर्तन्ते मनुष्याः पार्थ सर्वशः ॥

3.24 उत्सीदेयुरिमे लोका न कुर्यां कर्म चेदहम् ।
सङ्करस्य च कर्ता स्याम् उपहन्यामिमाः प्रजाः ॥

3.25 सक्ताः कर्मण्यविद्वांसो यथा कुर्वन्ति भारत ।
कुर्याद्विद्वांस्तथाऽसक्तः चिकीर्षुर्लोकसङ्ग्रहम् ॥

3.26 न बुद्धिभेदं जनयेत् अज्ञानां कर्मसङ्गिनाम् ।
जोषयेत्सर्वकर्माणि विद्वान्युक्तः समाचरन् ॥

3.27 प्रकृतेः क्रियमाणानि गुणैः कर्माणि सर्वशः ।
अहङ्कारविमूढात्मा कर्ताऽहमिति मन्यते ॥

3.28 तत्त्ववित्तु महाबाहो गुणकर्मविभागयोः ।
गुणा गुणेषु वर्तन्ते इति मत्वा न सज्जते ॥

3.29 प्रकृतेर्गुणसम्मूढाः सज्जन्ते गुणकर्मसु ।
तानकृत्स्नविदो मन्दान् कृत्स्नविन्न विचालयेत् ।।

3.30 मयि सर्वाणि कर्माणि संन्यस्याध्यात्मचेतसा ।
निराशीर्निर्ममो भूत्वा युद्ध्यस्व विगतज्वरः ।।

3.31 ये मे मतमिदं नित्यम् अनुतिष्ठन्ति मानवाः ।
श्रद्धावन्तोऽनसूयन्तो मुच्यन्ते तेऽपि कर्मभिः ।।

3.32 ये त्वेतदभ्यसूयन्तो नानुतिष्ठन्ति मे मतम् ।
सर्वज्ञानविमूढांस्तान् विद्धि नष्टानचेतसः ।।

3.33 सदृशं चेष्टते स्वस्याः प्रकृतेर्ज्ञानवानपि ।
प्रकृतिं यान्ति भूतानि निग्रहः किं करिष्यति ।।

3.34 इन्द्रियस्येन्द्रियस्यार्थे रागद्वेषौ व्यवस्थितौ ।
तयोर्न वशमागच्छेत् तौ ह्यस्य परिपन्थिनौ ।।

3.35 श्रेयान्स्वधर्मो विगुणः परधर्मात्स्वनुष्ठितात् ।
स्वधर्मे निधनं श्रेयः परधर्मो भयावहः ।।

अर्जुन उवाच

3.36 अथ केन प्रयुक्तोऽयं पापं चरति पूरुषः ।
अनिच्छन्नपि वार्ष्णेय बलादिव नियोजितः ।।

श्रीभगवानुवाच

3.37 काम एष क्रोध एष रजोगुणसमुद्भवः ।
महाशनो महापाप्मा विद्ध्येनमिह वैरिणम् ।।

3.38 धूमेनाव्रियते वह्निः यथादर्शो मलेन च ।
यथोल्बेनावृतो गर्भः तथा तेनेदमावृतम् ।।

3.39 आवृतं ज्ञानमेतेन ज्ञानिनो नित्यवैरिणा ।
कामरूपेण कौन्तेय दुष्पूरेणानलेन च ।।

3.40 इन्द्रियाणि मनो बुद्धिः अस्याधिष्ठानमुच्यते ।
एतैर्विमोहयत्येष ज्ञानमावृत्य देहिनम् ॥

3.41 तस्मात्त्वमिन्द्रियाण्यादौ नियम्य भरतर्षभ ।
पाप्मानं प्रजहि ह्येनं ज्ञानविज्ञाननाशनम् ॥

3.42 इन्द्रियाणि पराण्याहुः इन्द्रियेभ्यः परं मनः ।
मनसस्तु परा बुद्धिः यो बुद्धेः परतस्तु सः ॥

3.43 एवं बुद्धेः परं बुद्ध्वा संस्तभ्यात्मानमात्मना ।
जहि शत्रुं महाबाहो कामरूपं दुरासदम् ॥

इति श्रीमद्भगवद्गीतासूपनिषत्सु ब्रह्मविद्यायां योगशास्त्रे
श्रीकृष्णार्जुनसंवादे कर्मयोगो नाम तृतीयोऽध्यायः ॥

CHAPTER 4
चतुर्थोऽध्यायः
ज्ञानकर्मसंन्यासयोगः
THE YOGA OF KNOWLEDGE, CONDUCT AND RENUNCIATION

श्रीभगवानुवाच

4.1 इमं विवस्वते योगं प्रोक्तवानहमव्ययम् ।
विवस्वान्मनवे प्राह मनुरिक्ष्वाकवेऽब्रवीत् ॥

4.2 एवं परम्पराप्राप्तम् इमं राजर्षयो विदुः ।
स कालेनेह महता योगो नष्टः परन्तप ॥

4.3 स एवायं मया तेऽद्य योगः प्रोक्तः पुरातनः ।
भक्तोऽसि मे सखा चेति रहस्यं ह्येतदुत्तमम् ॥

अर्जुन उवाच

4.4 अपरं भवतो जन्म परं जन्म विवस्वतः ।
कथमेतद्विजानीयां त्वमादौ प्रोक्तवानिति ॥

श्रीभगवानुवाच

4.5 बहूनि मे व्यतीतानि जन्मानि तव चार्जुन ।
तान्यहं वेद सर्वाणि न त्वं वेत्थ परन्तप ॥

4.6 अजोऽपि सन्नव्ययात्मा भूतानामीश्वरोऽपि सन् ।
प्रकृतिं स्वामधिष्ठाय सम्भवाम्यात्ममायया ॥

4.7 यदा यदा हि धर्मस्य ग्लानिर्भवति भारत ।
अभ्युत्थानमधर्मस्य तदात्मानं सृजाम्यहम् ॥

4.8 परित्राणाय साधूनां विनाशाय च दुष्कृताम् ।
धर्मसंस्थापनार्थाय सम्भवामि युगे युगे ॥

4.9 जन्म कर्म च मे दिव्यम् एवं यो वेत्ति तत्त्वतः ।
त्यक्त्वा देहं पुनर्जन्म नैति मामेति सोऽर्जुन ॥

4.10 वीतरागभयक्रोधा मन्मया मामुपाश्रिताः ।
बहवो ज्ञानतपसा पूता मद्भावमागताः ॥

4.11 ये यथा मां प्रपद्यन्ते तांस्तथैव भजाम्यहम् ।
मम वर्त्मानुवर्तन्ते मनुष्याः पार्थ सर्वशः ॥

4.12 काङ्क्षन्तः कर्मणां सिद्धिं यजन्त इह देवताः ।
क्षिप्रं हि मानुषे लोके सिद्धिर्भवति कर्मजा ॥

4.13 चातुर्वर्ण्यं मया सृष्टं गुणकर्मविभागशः ।
तस्य कर्तारमपि मां विद्ध्यकर्तारमव्ययम् ॥

4.14 न मां कर्माणि लिम्पन्ति न मे कर्मफले स्पृहा ।
इति मां योऽभिजानाति कर्मभिर्न स बध्यते ॥

4.15 एवं ज्ञात्वा कृतं कर्म पूर्वैरपि मुमुक्षुभिः ।
कुरु कर्मैव तस्मात्त्वं पूर्वैः पूर्वतरं कृतम् ॥

4.16 किं कर्म किमकर्मेति कवयोऽप्यत्र मोहिताः ।

तत्ते कर्म प्रवक्ष्यामि यज्ज्ञात्वा मोक्ष्यसेऽशुभात् ॥

4.17 कर्मणो ह्यपि बोद्धव्यं बोद्धव्यं च विकर्मणः ।
अकर्मणश्च बोद्धव्यं गहना कर्मणो गतिः ॥

4.18 कर्मण्यकर्म यः पश्येत् अकर्मणि च कर्म यः ।
स बुद्धिमान्मनुष्येषु स युक्तः कृत्स्नकर्मकृत् ॥

4.19 यस्य सर्वे समारम्भाः कामसङ्कल्पवर्जिताः ।
ज्ञानाग्निदग्धकर्माणं तमाहुः पण्डितं बुधाः ॥

4.20 त्यक्त्वा कर्मफलासङ्गं नित्यतृप्तो निराश्रयः ।
कर्मण्यभिप्रवृत्तोऽपि नैव किञ्चित्करोति सः ॥

4.21 निराशीर्यतचित्तात्मा त्यक्तसर्वपरिग्रहः ।
शारीरं केवलं कर्म कुर्वन्नाप्नोति किल्बिषम् ॥

4.22 यदृच्छालाभसन्तुष्टो द्वन्द्वातीतो विमत्सरः ।
समः सिद्धावसिद्धौ च कृत्वापि न निबद्ध्यते ॥

4.23 गतसङ्गस्य मुक्तस्य ज्ञानावस्थितचेतसः ।
यज्ञायाचरतः कर्म समग्रं प्रविलीयते ॥

4.24 ब्रह्मार्पणं ब्रह्म हविः ब्रह्माग्नौ ब्रह्मणा हुतम् ।
ब्रह्मैव तेन गन्तव्यं ब्रह्मकर्मसमाधिना ॥

4.25 दैवमेवापरे यज्ञं योगिनः पर्युपासते ।
ब्रह्माग्नावपरे यज्ञं यज्ञेनैवोपजुह्वति ॥

4.26 श्रोत्रादीनीन्द्रियाण्यन्ये संयमाग्निषु जुह्वति ।
शब्दादीन्विषयानन्य इन्द्रियाग्निषु जुह्वति ॥

4.27 सर्वाणीन्द्रियकर्माणि प्राणकर्माणि चापरे ।
आत्मसंयमयोगाग्नौ जुह्वति ज्ञानदीपिते ॥

4.28 द्रव्ययज्ञास्तपोयज्ञा योगयज्ञास्तथापरे ।

स्वाध्यायज्ञानयज्ञाश्च यतयः संशितव्रताः ।।

4.29 अपाने जुह्वति प्राणं प्राणेऽपानं तथापरे ।
प्राणापानगती रुद्ध्वा प्राणायामपरायणाः ।।

4.30 अपरे नियताहाराः प्राणान्प्राणेषु जुह्वति ।
सर्वेऽप्येते यज्ञविदो यज्ञक्षपितकल्मषाः ।।

4.31 यज्ञशिष्टामृतभुजो यान्ति ब्रह्म सनातनम् ।
नायं लोकोऽस्त्ययज्ञस्य कुतोऽन्यः कुरुसत्तम ।।

4.32 एवं बहुविधा यज्ञा वितता ब्रह्मणो मुखे ।
कर्मजान्विद्धि तान्सर्वान् एवं ज्ञात्वा विमोक्ष्यसे ।।

4.33 श्रेयान्द्रव्यमयाद्यज्ञात् ज्ञानयज्ञः परन्तप ।
सर्वं कर्माखिलं पार्थ ज्ञाने परिसमाप्यते ।।

4.34 तद्विद्धि प्रणिपातेन परिप्रश्नेन सेवया ।
उपदेक्ष्यन्ति ते ज्ञानं ज्ञानिनस्तत्त्वदर्शिनः ।।

4.35 यज्ज्ञात्वा न पुनर्मोहम् एवं यास्यसि पाण्डव ।
येन भूतान्यशेषेण द्रक्ष्यस्यात्मन्यथो मयि ।।

4.36 अपि चेदसि पापेभ्यः सर्वेभ्यः पापकृत्तमः ।
सर्वं ज्ञानप्लवेनैव वृजिनं सन्तरिष्यसि ।।

4.37 यथैधांसि समिद्धोऽग्निः भस्मसात्कुरुतेऽर्जुन ।
ज्ञानाग्निः सर्वकर्माणि भस्मसात्कुरुते तथा ।।

4.38 न हि ज्ञानेन सदृशं पवित्रमिह विद्यते ।
तत्स्वयं योगसंसिद्धः कालेनात्मनि विन्दति ।।

4.39 श्रद्धावाँल्लभते ज्ञानं तत्परः संयतेन्द्रियः ।
ज्ञानं लब्ध्वा परां शान्तिम् अचिरेणाधिगच्छति ।।

4.40 अज्ञश्चाश्रद्दधानश्च संशयात्मा विनश्यति ।

नायं लोकोऽस्ति न परो न सुखं संशयात्मनः ।।

4.41 योगसंन्यस्तकर्माणं ज्ञानसञ्छिन्नसंशयम् ।
आत्मवन्तं न कर्माणि निबध्नन्ति धनञ्जय ।।

4.42 तस्मादज्ञानसम्भूतं हृत्स्थं ज्ञानासिनात्मनः ।
छित्त्वैनं संशयं योगम् आतिष्ठोत्तिष्ठ भारत ।।

इति श्रीमद्भगवद्गीतासूपनिषत्सु ब्रह्मविद्यायां योगशास्त्रे
श्रीकृष्णार्जुनसंवादे ज्ञानकार्मसंन्यासयोगो नाम चतुर्थोऽध्यायः ।।

CHAPTER 5
पञ्चमोऽध्यायः

कर्मसंन्यासयोगः
THE YOGA OF CONDUCT AND RENUNCIATION

अर्जुन उवाच

5.1 संन्यासं कर्मणां कृष्ण पुनर्योगं च शंससि ।
यच्छ्रेय एतयोरेकं तन्मे ब्रूहि सुनिश्चितम् ।।

श्रीभगवानुवाच

5.2 संन्यासः कर्मयोगश्च निःश्रेयसकरावुभौ ।
तयोस्तु कर्मसंन्यासात् कर्मयोगो विशिष्यते ।।

5.3 ज्ञेयः स नित्यसंन्यासी यो न द्वेष्टि न काङ्क्षति ।
निर्द्वन्द्वो हि महाबाहो सुखं बन्धात्प्रमुच्यते ।।

5.4 साङ्ख्ययोगौ पृथग्बालाः प्रवदन्ति न पण्डिताः ।
एकमप्यास्थितः सम्यक् उभयोर्विन्दते फलम् ।।

5.5 यत्साङ्ख्यैः प्राप्यते स्थानं तद्योगैरपि गम्यते ।
एकं साङ्ख्यं च योगं च यः पश्यति स पश्यति ।।

5.6 संन्यासस्तु महाबाहो दुःखमाप्तुमयोगतः ।
योगयुक्तो मुनिर्ब्रह्म नचिरेणाधिगच्छति ॥

5.7 योगयुक्तो विशुद्धात्मा विजितात्मा जितेन्द्रियः ।
सर्वभूतात्मभूतात्मा कुर्वन्नपि न लिप्यते ॥

5.8 नैव किञ्चित्करोमीति युक्तो मन्येत तत्त्ववित् ।
पश्यञ्शृण्वन्स्पृशञ्जिघ्रन् अश्नन्गच्छन्स्वपञ्श्वसन् ॥

5.9 प्रलपन्विसृजन्गृह्णन् उन्मिषन्निमिषन्नपि ।
इन्द्रियाणीन्द्रियार्थेषु वर्तन्त इति धारयन् ॥

5.10 ब्रह्मण्याधाय कर्माणि सङ्गं त्यक्त्वा करोति यः ।
लिप्यते न स पापेन पद्मपत्रमिवाम्भसा ॥

5.11 कायेन मनसा बुद्ध्या केवलैरिन्द्रियैरपि ।
योगिनः कर्म कुर्वन्ति सङ्गं त्यक्त्वात्मशुद्धये ॥

5.12 युक्तः कर्मफलं त्यक्त्वा शान्तिमाप्नोति नैष्ठिकीम् ।
अयुक्तः कामकारेण फले सक्तो निबद्ध्यते ॥

5.13 सर्वकर्माणि मनसा संन्यस्यास्ते सुखं वशी ।
नवद्वारे पुरे देही नैव कुर्वन्न कारयन् ॥

5.14 न कर्तृत्वं न कर्माणि लोकस्य सृजति प्रभुः ।
न कर्मफलसंयोगं स्वभावस्तु प्रवर्तते ॥

5.15 नादत्ते कस्यचित्पापं न चैव सुकृतं विभुः ।
अज्ञानेनावृतं ज्ञानं तेन मुह्यन्ति जन्तवः ॥

5.16 ज्ञानेन तु तदज्ञानं येषां नाशितमात्मनः ।
तेषामादित्यवज्ज्ञानं प्रकाशयति तत्परम् ॥

5.17 तद्बुद्धयस्तदात्मानः तन्निष्ठास्तत्परायणाः ।
गच्छन्त्यपुनरावृत्तिं ज्ञाननिर्धूतकल्मषाः ॥

5.18 विद्याविनयसम्पन्ने ब्राह्मणे गवि हस्तिनि ।
शुनि चैव श्वपाके च पण्डिताः समदर्शिनः ॥

5.19 इहैव तैर्जितः सर्गो येषां साम्ये स्थितं मनः ।
निर्दोषं हि समं ब्रह्म तस्माद्ब्रह्मणि ते स्थिताः ॥

5.20 न प्रहृष्येत्प्रियं प्राप्य नोद्विजेत्प्राप्य चाप्रियम् ।
स्थिरबुद्धिरसम्मूढो ब्रह्मविद्ब्रह्मणि स्थितः ॥

5.21 बाह्यस्पर्शेष्वसक्तात्मा विन्दत्यात्मनि यत्सुखम् ।
स ब्रह्मयोगयुक्तात्मा सुखमक्षयमश्नुते ॥

5.22 ये हि संस्पर्शजा भोगा दुःखयोनय एव ते ।
आद्यन्तवन्तः कौन्तेय न तेषु रमते बुधः ॥

5.23 शक्नोतीहैव यः सोढुं प्राक्शरीरविमोक्षणात् ।
कामक्रोधोद्भवं वेगं स युक्तः स सुखी नरः ॥

5.24 योऽन्तःसुखोऽन्तरारामः तथान्तर्ज्योतिरेव यः ।
स योगी ब्रह्मनिर्वाणं ब्रह्मभूतोऽधिगच्छति ॥

5.25 लभन्ते ब्रह्मनिर्वाणम् ऋषयः क्षीणकल्मषाः ।
छिन्नद्वैधा यतात्मानः सर्वभूतहिते रताः ॥

5.26 कामक्रोधवियुक्तानां यतीनां यतचेतसाम् ।
अभितो ब्रह्मनिर्वाणं वर्तते विदितात्मनाम् ॥

5.27 स्पर्शान्कृत्वा बहिर्बाह्यान् चक्षुश्चैवान्तरे भ्रुवोः ।
प्राणापानौ समौ कृत्वा नासाभ्यन्तरचारिणौ ॥

5.28 यतेन्द्रियमनोबुद्धिः मुनिर्मोक्षपरायणः ।
विगतेच्छाभयक्रोधो यः सदा मुक्त एव सः ॥

5.29 भोक्तारं यज्ञतपसां सर्वलोकमहेश्वरम् ।
सुहृदं सर्वभूतानां ज्ञात्वा मां शान्तिमृच्छति ॥

इति श्रीमद्भगवद्गीतासूपनिषत्सु ब्रह्मविद्यायां योगशास्त्रे
श्रीकृष्णार्जुनसंवादे कर्मसन्यासयोगो नाम पञ्चमोऽध्यायः ।।

CHAPTER 6
षष्ठोऽध्यायः

आत्मसंयमयोगः
THE YOGA OF SELF CONTROL

श्रीभगवानुवाच

6.1 अनाश्रितः कर्मफलं कार्यं कर्म करोति यः ।
स संन्यासी च योगी च न निरग्निर्न चाक्रियः ।।

6.2 यं संन्यासमिति प्राहुः योगं तं विद्धि पाण्डव ।
न ह्यसंन्यस्तसङ्कल्पो योगी भवति कश्चन ।।

6.3 आरुरुक्षोर्मुनेर्योगं कर्म कारणमुच्यते ।
योगारूढस्य तस्यैव शमः कारणमुच्यते ।।

6.4 यदा हि नेन्द्रियार्थेषु न कर्मस्वनुषज्जते ।
सर्वसङ्कल्पसंन्यासी योगारूढस्तदोच्यते ।।

6.5 उद्धरेदात्मनात्मानं नात्मानमवसादयेत् ।
आत्मैव ह्यात्मनो बन्धुः आत्मैव रिपुरात्मनः ।।

6.6 बन्धुरात्मात्मनस्तस्य येनात्मैवात्मना जितः ।
अनात्मनस्तु शत्रुत्वे वर्तेतात्मैव शत्रुवत् ।।

6.7 जितात्मनः प्रशान्तस्य परमात्मा समाहितः ।
शीतोष्णसुखदुःखेषु तथा मानापमानयोः ।।

6.8 ज्ञानविज्ञानतृप्तात्मा कूटस्थो विजितेन्द्रियः ।
युक्त इत्युच्यते योगी समलोष्टाश्मकाञ्चनः ।।

6.9 सुहृन्मित्रार्युदासीन मध्यस्थद्वेष्यबन्धुषु ।

साधुष्वपि च पापेषु समबुद्धिर्विशिष्यते ॥

6.10 योगी युञ्जीत सततम् आत्मानं रहसि स्थितः ।
एकाकी यतचित्तात्मा निराशीरपरिग्रहः ॥

6.11 शुचौ देशे प्रतिष्ठाप्य स्थिरमासनमात्मनः ।
नात्युच्छ्रितं नातिनीचं चैलाजिनकुशोत्तरम् ॥

6.12 तत्रैकाग्रं मनः कृत्वा यतचित्तेन्द्रियक्रियः ।
उपविश्यासने युञ्ज्यात् योगमात्मविशुद्धये ॥

6.13 समं कायशिरोग्रीवं धारयन्नचलं स्थिरः ।
सम्प्रेक्ष्य नासिकाग्रं स्वं दिशश्चानवलोकयन् ॥

6.14 प्रशान्तात्मा विगतभीः ब्रह्मचारिव्रते स्थितः ।
मनः संयम्य मच्चित्तो युक्त आसीत मत्परः ॥

6.15 युञ्जन्नेवं सदात्मानं योगी नियतमानसः ।
शान्तिं निर्वाणपरमां मत्संस्थामधिगच्छति ॥

6.16 नात्यश्नतस्तु योगोऽस्ति न चैकान्तमनश्नतः ।
न चाति स्वप्नशीलस्य जाग्रतो नैव चार्जुन ॥

6.17 युक्ताहारविहारस्य युक्तचेष्टस्य कर्मसु ।
युक्तस्वप्नावबोधस्य योगो भवति दुःखहा ॥

6.18 यदा विनियतं चित्तम् आत्मन्येवावतिष्ठते ।
निःस्पृहः सर्वकामेभ्यो युक्त इत्युच्यते तदा ॥

6.19 यथा दीपो निवातस्थो नेङ्गते सोपमा स्मृता ।
योगिनो यतचित्तस्य युञ्जतो योगमात्मनः ॥

6.20 यत्रोपरमते चित्तं निरुद्धं योगसेवया ।
यत्र चैवात्मनात्मानं पश्यन्नात्मनि तुष्यति ॥

6.21 सुखमात्यन्तिकं यत्तद् बुद्धिग्राह्यमतीन्द्रियम् ।

वेत्ति यत्र न चैवायं स्थितश्चलति तत्त्वतः ॥

6.22 यं लब्ध्वा चापरं लाभं मन्यते नाधिकं ततः ।
यस्मिन्स्थितो न दुःखेन गुरुणापि विचाल्यते ॥

6.23 तं विद्याद्दुःखसंयोग-वियोगं योगसंज्ञितम् ।
स निश्चयेन योक्तव्यो योगोऽनिर्विण्णचेतसा ॥

6.24 सङ्कल्पप्रभवान्कामान् त्यक्त्वा सर्वानशेषतः ।
मनसैवेन्द्रियग्रामं विनियम्य समन्ततः ॥

6.25 शनैः शनैरुपरमेत् बुद्ध्या धृतिगृहीतया ।
आत्मसंस्थं मनः कृत्वा न किञ्चिदपि चिन्तयेत् ॥

6.26 यतो यतो निश्चरति मनश्चञ्चलमस्थिरम् ।
ततस्ततो नियम्यैतत् आत्मन्येव वशं नयेत् ॥

6.27 प्रशान्तमनसं ह्येनं योगिनं सुखमुत्तमम् ।
उपैति शान्तरजसं ब्रह्मभूतमकल्मषम् ॥

6.28 युञ्जन्नेवं सदात्मानं योगी विगतकल्मषः ।
सुखेन ब्रह्मसंस्पर्शम् अत्यन्तं सुखमश्नुते ॥

6.29 सर्वभूतस्थमात्मानं सर्वभूतानि चात्मनि ।
ईक्षते योगयुक्तात्मा सर्वत्र समदर्शनः ॥

6.30 यो मां पश्यति सर्वत्र सर्वं च मयि पश्यति ।
तस्याहं न प्रणश्यामि स च मे न प्रणश्यति ॥

6.31 सर्वभूतस्थितं यो मां भजत्येकत्वमास्थितः ।
सर्वथा वर्तमानोऽपि स योगी मयि वर्तते ॥

6.32 आत्मौपम्येन सर्वत्र समं पश्यति योऽर्जुन ।
सुखं वा यदि वा दुःखं स योगी परमो मतः ॥

अर्जुन उवाच

6.33 योऽयं योगस्त्वया प्रोक्तः साम्येन मधुसूदन ।
एतस्याहं न पश्यामि चञ्चलत्वात्स्थितिं स्थिराम् ॥

6.34 चञ्चलं हि मनः कृष्ण प्रमाथि बलवद्दृढम् ।
तस्याहं निग्रहं मन्ये वायोरिव सुदुष्करम् ॥

श्रीभगवानुवाच

6.35 असंशयं महाबाहो मनो दुर्निग्रहं चलम् ।
अभ्यासेन तु कौन्तेय वैराग्येण च गृह्यते ॥

6.36 असंयतात्मना योगो दुष्प्राप इति मे मतिः ।
वश्यात्मना तु यतता शक्योऽवाप्तुमुपायतः ॥

अर्जुन उवाच

6.37 अयतिः श्रद्धयोपेतो योगाच्चलितमानसः ।
अप्राप्य योगसंसिद्धिं कां गतिं कृष्ण गच्छति ॥

6.38 कच्चिन्नोभयविभ्रष्टः छिन्नाभ्रमिव नश्यति ।
अप्रतिष्ठो महाबाहो विमूढो ब्रह्मणः पथि ॥

6.39 एतन्मे संशयं कृष्ण छेत्तुमर्हस्यशेषतः ।
त्वदन्यः संशयस्यास्य छेत्ता न ह्युपपद्यते ॥

श्रीभगवानुवाच

6.40 पार्थ नैवेह नामुत्र विनाशस्तस्य विद्यते ।
न हि कल्याणकृत्कश्चित् दुर्गतिं तात गच्छति ॥

6.41 प्राप्य पुण्यकृतां लोकान् उषित्वा शाश्वतीः समाः ।
शुचीनां श्रीमतां गेहे योगभ्रष्टोऽभिजायते ॥

6.42 अथवा योगिनामेव कुले भवति धीमताम् ।
एतद्धि दुर्लभतरं लोके जन्म यदीदृशम् ॥

6.43 तत्र तं बुद्धिसंयोगं लभते पौर्वदेहिकम् ।
यतते च ततो भूयः संसिद्धौ कुरुनन्दन ॥

6.44 पूर्वाभ्यासेन तेनैव ह्रियते ह्यवशोऽपि सः ।
जिज्ञासुरपि योगस्य शब्दब्रह्मातिवर्तते ॥

6.45 प्रयत्नाद्यतमानस्तु योगी संशुद्धकिल्बिषः ।
अनेकजन्मसंसिद्धः ततो याति परां गतिम् ॥

6.46 तपस्विभ्योऽधिको योगी ज्ञानिभ्योऽपि मतोऽधिकः ।
कर्मिभ्यश्चाधिको योगी तस्माद्योगी भवार्जुन ॥

6.47 योगिनामपि सर्वेषां मद्गतेनान्तरात्मना ।
श्रद्धावान्भजते यो मां स मे युक्ततमो मतः ॥

इति श्रीमद्भगवद्गीतासूपनिषत्सु ब्रह्मविद्यायां योगशास्त्रे श्रीकृष्णार्जुनसंवाद आत्मसंयमयोगो नाम षष्ठोऽध्यायः ॥

CHAPTER 7
सप्तमोऽध्यायः

ज्ञानविज्ञानयोगः
THE YOGA OF KNOWLEDGE AND SCIENCE

श्रीभगवानुवाच

7.1 मय्यासक्तमनाः पार्थ योगं युञ्जन्मदाश्रयः ।
असंशयं समग्रं मां यथा ज्ञास्यसि तच्छृणु ॥

7.2 ज्ञानं तेऽहं सविज्ञानम् इदं वक्ष्याम्यशेषतः ।
यज्ज्ञात्वा नेह भूयोऽन्यत् ज्ञातव्यमवशिष्यते ॥

7.3 मनुष्याणां सहस्रेषु कश्चिद्यतति सिद्धये ।
यततामपि सिद्धानां कश्चिन्मां वेत्ति तत्त्वतः ॥

7.4 भूमिरापोऽनलो वायुः खं मनो बुद्धिरेव च ।
अहङ्कार इतीयं मे भिन्ना प्रकृतिरष्टधा ॥

7.5 अपरेयमितस्त्वन्यां प्रकृतिं विद्धि मे पराम् ।
जीवभूतां महाबाहो ययेदं धार्यते जगत् ।।

7.6 एतद्योनीनि भूतानि सर्वाणीत्युपधारय ।
अहं कृत्स्नस्य जगतः प्रभवः प्रलयस्तथा ।।

7.7 मत्तः परतरं नान्यत् किञ्चिदस्ति धनञ्जय ।
मयि सर्वमिदं प्रोतं सूत्रे मणिगणा इव ।।

7.8 रसोऽहमप्सु कौन्तेय प्रभास्मि शशिसूर्ययोः ।
प्रणवः सर्ववेदेषु शब्दः खे पौरुषं नृषु ।।

7.9 पुण्यो गन्धः पृथिव्यां च तेजश्चास्मि विभावसौ ।
जीवनं सर्वभूतेषु तपश्चास्मि तपस्विषु ।।

7.10 बीजं मां सर्वभूतानां विद्धि पार्थ सनातनम् ।
बुद्धिर्बुद्धिमतामस्मि तेजस्तेजस्विनामहम् ।।

7.11 बलं बलवतामस्मि कामरागविवर्जितम् ।
धर्माविरुद्धो भूतेषु कामोऽस्मि भरतर्षभ ।।

7.12 ये चैव सात्त्विका भावा राजसास्तामसाश्च ये ।
मत्त एवेति तान्विद्धि न त्वहं तेषु ते मयि ।।

7.13 त्रिभिर्गुणमयैर्भावैः एभिः सर्वमिदं जगत् ।
मोहितं नाभिजानाति मामेभ्यः परमव्ययम् ।।

7.14 दैवी ह्येषा गुणमयी मम माया दुरत्यया ।
मामेव ये प्रपद्यन्ते मायामेतां तरन्ति ते ।।

7.15 न मां दुष्कृतिनो मूढाः प्रपद्यन्ते नराधमाः ।
माययाऽपहृतज्ञाना आसुरं भावमाश्रिताः ।।

7.16 चतुर्विधा भजन्ते मां जनाः सुकृतिनोऽर्जुन ।
आर्तो जिज्ञासुरर्थार्थी ज्ञानी च भरतर्षभ ।।

7.17 तेषां ज्ञानी नित्ययुक्त एकभक्तिर्विशिष्यते ।
प्रियो हि ज्ञानिनोऽत्यर्थम् अहं स च मम प्रियः ॥

7.18 उदाराः सर्व एवैते ज्ञानी त्वात्मैव मे मतम् ।
आस्थितः स हि युक्तात्मा मामेवानुत्तमां गतिम् ॥

7.19 बहूनां जन्मनामन्ते ज्ञानवान्मां प्रपद्यते ।
वासुदेवः सर्वमिति स महात्मा सुदुर्लभः ॥

7.20 कामैस्तैस्तैर्हृतज्ञानाः प्रपद्यन्तेऽन्यदेवताः ।
तं तं नियममास्थाय प्रकृत्या नियताः स्वया ॥

7.21 यो यो यां यां तनुं भक्तः श्रद्धयार्चितुमिच्छति ।
तस्य तस्याचलां श्रद्धां तामेव विदधाम्यहम् ॥

7.22 स तया श्रद्धया युक्तः तस्याराधनमीहते ।
लभते च ततः कामान् मयैव विहितान्हि तान् ॥

7.23 अन्तवत्तु फलं तेषां तद्भवत्यल्पमेधसाम् ।
देवान्देवयजो यान्ति मद्भक्ता यान्ति मामपि ॥

7.24 अव्यक्तं व्यक्तिमापन्नं मन्यन्ते मामबुद्धयः ।
परं भावमजानन्तो ममाव्ययमनुत्तमम् ॥

7.25 नाहं प्रकाशः सर्वस्य योगमायासमावृतः ।
मूढोऽयं नाभिजानाति लोको मामजमव्ययम् ॥

7.26 वेदाहं समतीतानि वर्तमानानि चार्जुन ।
भविष्याणि च भूतानि मां तु वेद न कश्चन ॥

7.27 इच्छाद्वेषसमुत्थेन द्वन्द्वमोहेन भारत ।
सर्वभूतानि सम्मोहं सर्गे यान्ति परन्तप ॥

7.28 येषां त्वन्तगतं पापं जनानां पुण्यकर्मणाम् ।
ते द्वन्द्वमोहनिर्मुक्ता भजन्ते मां दृढव्रताः ॥

7.29 जरामरणमोक्षाय मामाश्रित्य यतन्ति ये ।
ते ब्रह्म तद्विदुः कृत्स्नम् अध्यात्मं कर्म चाखिलम् ।।

7.30 साधिभूताधिदैवं मां साधियज्ञं च ये विदुः ।
प्रयाणकालेऽपि च मां ते विदुर्युक्तचेतसः ।।

इति श्रीमद्भगवद्गीतासूपनिषत्सु ब्रह्मविद्योयां योगशास्त्रे
श्रीकृष्णार्जुनसंवादे ज्ञानविज्ञानयोगो नाम सप्तमोऽध्यायः ।।

CHAPTER 8
अष्टमोऽध्यायः

अक्षरब्रह्मयोगः
YOGA OF COMPREHENDING THE IMMUTABLE BRAHMA

अर्जुन उवाच

8.1 किं तद्ब्रह्म किमध्यात्मं किं कर्म पुरुषोत्तम ।
अधिभूतं च किं प्रोक्तम् अधिदैवं किमुच्यते ।।

8.2 अधियज्ञः कथं कोऽत्र देहेऽस्मिन्मधुसूदन ।
प्रयाणकाले च कथं ज्ञेयोऽसि नियतात्मभिः ।।

श्रीभगवानुवाच

8.3 अक्षरं ब्रह्म परमं स्वभावोऽध्यात्ममुच्यते ।
भूतभावोद्भवकरो विसर्गः कर्मसंज्ञितः ।।

8.4 अधिभूतं क्षरो भावः पुरुषश्चाधिदैवतम् ।
अधियज्ञोऽहमेवात्र देहे देहभृतां वर ।।

8.5 अन्तकाले च मामेव स्मरन्मुक्त्वा कलेवरम् ।
यः प्रयाति स मद्भावं याति नास्त्यत्र संशयः ।।

8.6 यं यं वाऽपि स्मरन्भावं त्यजत्यन्ते कलेवरम् ।
तं तमेवैति कौन्तेय सदा तद्भावभावितः ।।

8.7 तस्मात्सर्वेषु कालेषु मामनुस्मर युध्य च ।
मय्यर्पितमनोबुद्धिः मामेवैष्यस्यसंशयम् ॥

8.8 अभ्यासयोगयुक्तेन चेतसा नान्यगामिना ।
परमं पुरुषं दिव्यं याति पार्थानुचिन्तयन् ॥

8.9 कविं पुराणमनुशासितारम् अणोरणीयांसमनुस्मरेद्यः ।
सर्वस्य धातारमचिन्त्यरूपम् आदित्यवर्णं तमसः परस्तात् ॥

8.10 प्रयाणकाले मनसाऽचलेन भक्त्या युक्तो योगबलेन चैव ।
भ्रुवोर्मध्ये प्राणमावेश्य सम्यक् स तं परं पुरुषमुपैति दिव्यम् ॥

8.11 यदक्षरं वेदविदो वदन्ति विशन्ति यद्यतयो वीतरागाः ।
यदिच्छन्तो ब्रह्मचर्यं चरन्ति तत्ते पदं सङ्ग्रहेण प्रवक्ष्ये ॥

8.12 सर्वद्वाराणि संयम्य मनो हृदि निरुध्य च ।
मूर्ध्न्याधायात्मनः प्राणम् आस्थितो योगधारणाम् ॥

8.13 ओमित्येकाक्षरं ब्रह्म व्याहरन्मामनुस्मरन् ।
यः प्रयाति त्यजन्देहं स याति परमां गतिम् ॥

8.14 अनन्यचेताः सततं यो मां स्मरति नित्यशः ।
तस्याहं सुलभः पार्थ नित्ययुक्तस्य योगिनः ॥

8.15 मामुपेत्य पुनर्जन्म दुःखालयमशाश्वतम् ।
नाप्नुवन्ति महात्मानः संसिद्धिं परमां गताः ॥

8.16 आब्रह्मभुवनाल्लोकाः पुनरावर्तिनोऽर्जुन ।
मामुपेत्य तु कौन्तेय पुनर्जन्म न विद्यते ॥

8.17 सहस्रयुगपर्यन्तम् अहर्यद्ब्रह्मणो विदुः ।
रात्रिं युगसहस्रान्तां तेऽहोरात्रविदो जनाः ॥

8.18 अव्यक्ताद्व्यक्तयः सर्वाः प्रभवन्त्यहरागमे ।
रात्र्यागमे प्रलीयन्ते तत्रैवाव्यक्तसंज्ञके ॥

8.19 भूतग्रामः स एवायं भूत्वा भूत्वा प्रलीयते ।
रात्र्यागमेऽवशः पार्थ प्रभवत्यहरागमे ॥

8.20 परस्तस्मात्तु भावोऽन्योऽ व्यक्तोऽव्यक्तात्सनातनः ।
यः स सर्वेषु भूतेषु नश्यत्सु न विनश्यति ॥

8.21 अव्यक्तोऽक्षर इत्युक्तः तमाहुः परमां गतिम् ।
यं प्राप्य न निवर्तन्ते तद्धाम परमं मम ॥

8.22 पुरुषः स परः पार्थ भक्त्या लभ्यस्त्वनन्यया ।
यस्यान्तःस्थानि भूतानि येन सर्वमिदं ततम् ॥

8.23 यत्र काले त्वनावृत्तिम् आवृत्तिं चैव योगिनः ।
प्रयाता यान्ति तं कालं वक्ष्यामि भरतर्षभ ॥

8.24 अग्निर्ज्योतिरहः शुक्लः षण्मासा उत्तरायणम् ।
तत्र प्रयाता गच्छन्ति ब्रह्म ब्रह्मविदो जनाः ॥

8.25 धूमो रात्रिस्तथा कृष्णः षण्मासा दक्षिणायनम् ।
तत्र चान्द्रमसं ज्योतिः योगी प्राप्य निवर्तते ॥

8.26 शुक्लकृष्णे गती ह्येते जगतः शाश्वते मते ।
एकया यात्यनावृत्तिम् अन्ययावर्तते पुनः ॥

8.27 नैते सृती पार्थ जानन् योगी मुह्यति कश्चन ।
तस्मात्सर्वेषु कालेषु योगयुक्तो भवार्जुन ॥

8.28 वेदेषु यज्ञेषु तपःसु चैव दानेषु यत्पुण्यफलं प्रदिष्टम् ।
अत्येति तत्सर्वमिदं विदित्वा योगी परं स्थानमुपैति चाद्यम् ॥

इति श्रीमद्भगवद्गीतासूपनिषत्सु ब्रह्मविद्यायां योगशास्त्रे
श्रीकृष्णार्जुनसंवादे अक्षरब्रह्मयोगो नाम अष्टमोऽध्यायः ॥

CHAPTER 9
नवमोऽध्यायः

राजविद्याराजगुह्ययोगः
YOGA OF THE MOST MYSTERIOUS KNOWLEDGE

श्रीभगवानुवाच

9.1 इदं तु ते गुह्यतमं प्रवक्ष्याम्यनसूयवे ।
ज्ञानं विज्ञानसहितं यज्ज्ञात्वा मोक्ष्यसेऽशुभात् ॥

9.2 राजविद्या राजगुह्यं पवित्रमिदमुत्तमम् ।
प्रत्यक्षावगमं धर्म्यं सुसुखं कर्तुमव्ययम् ॥

9.3 अश्रद्दधानाः पुरुषा धर्मस्यास्य परन्तप ।
अप्राप्य मां निवर्तन्ते मृत्युसंसारवर्त्मनि ॥

9.4 मया ततमिदं सर्वं जगदव्यक्तमूर्तिना ।
मत्स्थानि सर्वभूतानि न चाहं तेष्ववस्थितः ॥

9.5 न च मत्स्थानि भूतानि पश्य मे योगमैश्वरम् ।
भूतभृन्न च भूतस्थो ममात्मा भूतभावनः ॥

9.6 यथाकाशस्थितो नित्यं वायुः सर्वत्रगो महान् ।
तथा सर्वाणि भूतानि मत्स्थानीत्युपधारय ॥

9.7 सर्वभूतानि कौन्तेय प्रकृतिं यान्ति मामिकाम् ।
कल्पक्षये पुनस्तानि कल्पादौ विसृजाम्यहम् ॥

9.8 प्रकृतिं स्वामवष्टभ्य विसृजामि पुनः पुनः ।
भूतग्राममिमं कृत्स्नम् अवशं प्रकृतेर्वशात् ॥

9.9 न च मां तानि कर्माणि निबध्नन्ति धनञ्जय ।
उदासीनवदासीनम् असक्तं तेषु कर्मसु ॥

9.10 मयाध्यक्षेण प्रकृतिः सूयते सचराचरम् ।

हेतुनानेन कौन्तेय जगद्विपरिवर्तते ॥

9.11 अवजानन्ति मां मूढा मानुषीं तनुमाश्रितम् ।
परं भावमजानन्तो मम भूतमहेश्वरम् ॥

9.12 मोघाशा मोघकर्माणो मोघज्ञाना विचेतसः ।
राक्षसीमासुरीं चैव प्रकृतिं मोहिनीं श्रिताः ॥

9.13 महात्मानस्तु मां पार्थ दैवीं प्रकृतिमाश्रिताः ।
भजन्त्यनन्यमनसो ज्ञात्वा भूतादिमव्ययम् ॥

9.14 सततं कीर्तयन्तो मां यतन्तश्च दृढव्रताः ।
नमस्यन्तश्च मां भक्त्या नित्ययुक्ता उपासते ॥

9.15 ज्ञानयज्ञेन चाप्यन्ये यजन्तो मामुपासते ।
एकत्वेन पृथक्त्वेन बहुधा विश्वतोमुखम् ॥

9.16 अहं क्रतुरहं यज्ञः स्वधाहमहमौषधम् ।
मन्त्रोऽहमहमेवाज्यम् अहमग्निरहं हुतम् ॥

9.17 पिताहमस्य जगतो माता धाता पितामहः ।
वेद्यं पवित्रमोङ्कार ऋक्साम यजुरेव च ॥

9.18 गतिर्भर्ता प्रभुः साक्षी निवासः शरणं सुहृत् ।
प्रभवः प्रलयः स्थानं निधानं बीजमव्ययम् ॥

9.19 तपाम्यहमहं वर्षं निगृह्णाम्युत्सृजामि च ।
अमृतं चैव मृत्युश्च सदसच्चाहमर्जुन ॥

9.20 त्रैविद्या मां सोमपाः पूतपापा यज्ञैरिष्ट्वा स्वर्गतिं प्रार्थयन्ते ।
ते पुण्यमासाद्य सुरेन्द्रलोकम् अश्नन्ति दिव्यान्दिवि देवभोगान् ॥

9.21 ते तं भुक्त्वा स्वर्गलोकं विशालं क्षीणे पुण्ये मर्त्यलोकं विशन्ति ।
एवं त्रयीधर्ममनुप्रपन्नाः गतागतं कामकामा लभन्ते ॥

9.22 अनन्याश्चिन्तयन्तो मां ये जनाः पर्युपासते ।

तेषां नित्याभियुक्तानां योगक्षेमं वहाम्यहम् ॥

9.23 येऽप्यन्यदेवताभक्ता यजन्ते श्रद्धयान्विताः ।
तेऽपि मामेव कौन्तेय यजन्त्यविधिपूर्वकम् ॥

9.24 अहं हि सर्वयज्ञानां भोक्ता च प्रभुरेव च ।
न तु मामभिजानन्ति तत्त्वेनातश्च्यवन्ति ते ॥

9.25 यान्ति देवव्रता देवान् पितॄन्यान्ति पितृव्रताः ।
भूतानि यान्ति भूतेज्या यान्ति मद्याजिनोऽपि माम् ॥

9.26 पत्रं पुष्पं फलं तोयं यो मे भक्त्या प्रयच्छति ।
तदहं भक्त्युपहृतम् अश्नामि प्रयतात्मनः ॥

9.27 यत्करोषि यदश्नासि यज्जुहोषि ददासि यत् ।
यत्तपस्यसि कौन्तेय तत्कुरुष्व मदर्पणम् ॥

9.28 शुभाशुभफलैरेवं मोक्ष्यसे कर्मबन्धनैः ।
संन्यासयोगयुक्तात्मा विमुक्तो मामुपैष्यसि ॥

9.29 समोऽहं सर्वभूतेषु न मे द्वेष्योऽस्ति न प्रियः ।
ये भजन्ति तु मां भक्त्या मयि ते तेषु चाप्यहम् ॥

9.30 अपि चेत्सुदुराचारो भजते मामनन्यभाक् ।
साधुरेव स मन्तव्यः सम्यग्व्यवसितो हि सः ॥

9.31 क्षिप्रं भवति धर्मात्मा शश्वच्छान्तिं निगच्छति ।
कौन्तेय प्रतिजानीहि न मे भक्तः प्रणश्यति ॥

9.32 मां हि पार्थ व्यपाश्रित्य येऽपि स्युः पापयोनयः ।
स्त्रियो वैश्यास्तथा शूद्राः तेऽपि यान्ति परां गतिम् ॥

9.33 किं पुनर्ब्राह्मणाः पुण्या भक्ता राजर्षयस्तथा ।
अनित्यमसुखं लोकम् इमं प्राप्य भजस्व माम् ॥

9.34 मन्मना भव मद्भक्तो मद्याजी मां नमस्कुरु ।

मामेवैष्यसि युक्त्वैवम्	आत्मानं मत्परायणः ॥

इति श्रीमद्भगवद्गीतासूपनिषत्सु ब्रह्मविद्यायां योगशास्त्रे
श्रीकृष्णार्जुनसंवादे राजविद्याराजगुह्ययोगो नाम नवमोऽध्यायः ॥

CHAPTER 10
दशमोऽध्यायः
विभूतियोगः
THE YOGA OF DIVINE PERSONOFICATION

श्रीभगवानुवाच

10.1 भूय एव महाबाहो	शृणु मे परमं वचः ।
यत्तेऽहं प्रीयमाणाय	वक्ष्यामि हितकाम्यया ॥
10.2 न मे विदुः सुरगणाः	प्रभवं न महर्षयः ।
अहमादिर्हि देवानां	महर्षीणां च सर्वशः ॥
10.3 यो मामजमनादिं च	वेत्ति लोकमहेश्वरम् ।
असम्मूढः स मर्त्येषु	सर्वपापैः प्रमुच्यते ॥
10.4 बुद्धिर्ज्ञानमसम्मोहः	क्षमा सत्यं दमः शमः ।
सुखं दुःखं भवोऽभावो	भयं चाभयमेव च ॥
10.5 अहिंसा समता तुष्टिः	तपो दानं यशोऽयशः ।
भवन्ति भावा भूतानां	मत्त एव पृथग्विधाः ॥
10.6 महर्षयः सप्त पूर्वे	चत्वारो मनवस्तथा ।
मद्भावा मानसा जाता	येषां लोक इमाः प्रजाः ॥
10.7 एतां विभूतिं योगं च	मम यो वेत्ति तत्त्वतः ।
सोऽविकम्पेन योगेन	युज्यते नात्र संशयः ॥
10.8 अहं सर्वस्य प्रभवो	मत्तः सर्वं प्रवर्तते ।
इति मत्वा भजन्ते मां	बुधा भावसमन्विताः ॥

10.9 मच्चित्ता मद्गतप्राणा बोधयन्तः परस्परम् ।
कथयन्तश्च मां नित्यं तुष्यन्ति च रमन्ति च ॥

10.10 तेषां सततयुक्तानां भजतां प्रीतिपूर्वकम् ।
ददामि बुद्धियोगं तं येन मामुपयान्ति ते ॥

10.11 तेषामेवानुकम्पार्थम् अहमज्ञानजं तमः ।
नाशयाम्यात्मभावस्थो ज्ञानदीपेन भास्वता ॥

अर्जुन उवाच

10.12 परं ब्रह्म परं धाम पवित्रं परमं भवान् ।
पुरुषं शाश्वतं दिव्यम् आदिदेवमजं विभुम् ॥

10.13 आहुस्त्वामृषयः सर्वे देवर्षिर्नारदस्तथा ।
असितो देवलो व्यासः स्वयं चैव ब्रवीषि मे ॥

10.14 सर्वमेतदृतं मन्ये यन्मां वदसि केशव ।
न हि ते भगवन्व्यक्तिं विदुर्देवा न दानवाः ॥

10.15 स्वयमेवात्मनात्मानं वेत्थ त्वं पुरुषोत्तम ।
भूतभावन भूतेश देवदेव जगत्पते ॥

10.16 वक्तुमर्हस्यशेषेण दिव्या ह्यात्मविभूतयः ।
याभिर्विभूतिभिर्लोकान् इमांस्त्वं व्याप्य तिष्ठसि ॥

10.17 कथं विद्यामहं योगिं स्त्वां सदा परिचिन्तयन् ।
केषु केषु च भावेषु चिन्त्योऽसि भगवन्मया ॥

10.18 विस्तरेणात्मनो योगं विभूतिं च जनार्दन ।
भूयः कथय तृप्तिर्हि शृण्वतो नास्ति मेऽमृतम् ॥

श्रीभगवानुवाच

10.19 हन्त ते कथयिष्यामि दिव्या ह्यात्मविभूतयः ।
प्राधान्यतः कुरुश्रेष्ठ नास्त्यन्तो विस्तरस्य मे ॥

10.20 अहमात्मा गुडाकेश सर्वभूताशयस्थितः ।
अहमादिश्च मध्यं च भूतानामन्त एव च ।।

10.21 आदित्यानामहं विष्णुः ज्योतिषां रविरंशुमान् ।
मरीचिर्मरुतामस्मि नक्षत्राणामहं शशी ।।

10.22 वेदानां सामवेदोऽस्मि देवानामस्मि वासवः ।
इन्द्रियाणां मनश्चास्मि भूतानामस्मि चेतना ।।

10.23 रुद्राणां शङ्करश्चास्मि वित्तेशो यक्षरक्षसाम् ।
वसूनां पावकश्चास्मि मेरुः शिखरिणामहम् ।।

10.24 पुरोधसां च मुख्यं मां विद्धि पार्थ बृहस्पतिम् ।
सेनानीनामहं स्कन्दः सरसामस्मि सागरः ।।

10.25 महर्षीणां भृगुरहं गिरामस्म्येकमक्षरम् ।
यज्ञानां जपयज्ञोऽस्मि स्थावराणां हिमालयः ।।

10.26 अश्वत्थः सर्ववृक्षाणां देवर्षीणां च नारदः ।
गन्धर्वाणां चित्ररथः सिद्धानां कपिलो मुनिः ।।

10.27 उच्चैःश्रवसमश्वानां विद्धि माममृतोद्भवम् ।
ऐरावतं गजेन्द्राणां नराणां च नराधिपम् ।।

10.28 आयुधानामहं वज्रं धेनूनामस्मि कामधुक् ।
प्रजनश्चास्मि कन्दर्पः सर्पाणामस्मि वासुकिः ।।

10.29 अनन्तश्चास्मि नागानां वरुणो यादसामहम् ।
पितॄणामर्यमा चास्मि यमः संयमतामहम् ।।

10.30 प्रह्लादश्चास्मि दैत्यानां कालः कलयतामहम् ।
मृगाणां च मृगेन्द्रोऽहं वैनतेयश्च पक्षिणाम् ।।

10.31 पवनः पवतामस्मि रामः शस्त्रभृतामहम् ।
झषाणां मकरश्चास्मि स्रोतसामस्मि जाह्नवी ।।

10.32 सर्गाणामादिरन्तश्च मध्यं चैवाहमर्जुन ।
अध्यात्मविद्या विद्यानां वादः प्रवदतामहम् ॥

10.33 अक्षराणामकारोऽस्मि द्वन्द्वः सामासिकस्य च ।
अहमेवाक्षयः कालो धाताहं विश्वतोमुखः ॥

10.34 मृत्युः सर्वहरश्चाहम् उद्भवश्च भविष्यताम् ।
कीर्तिः श्रीर्वाक्च नारीणां स्मृतिर्मेधा धृतिः क्षमा ॥

10.35 बृहत्साम तथा साम्नां गायत्री छन्दसामहम् ।
मासानां मार्गशीर्षोऽहम् ऋतूनां कुसुमाकरः ॥

10.36 द्यूतं छलयतामस्मि तेजस्तेजस्विनामहम् ।
जयोऽस्मि व्यवसायोऽस्मि सत्त्वं सत्त्ववतामहम् ॥

10.37 वृष्णीनां वासुदेवोऽस्मि पाण्डवानां धनञ्जयः ।
मुनीनामप्यहं व्यासः कवीनामुशना कविः ॥

10.38 दण्डो दमयतामस्मि नीतिरस्मि जिगीषताम् ।
मौनं चैवास्मि गुह्यानां ज्ञानं ज्ञानवतामहम् ॥

10.39 यच्चापि सर्वभूतानां बीजं तदहमर्जुन ।
न तदस्ति विना यत्स्यात् मया भूतं चराचरम् ॥

10.40 नान्तोऽस्ति मम दिव्यानां विभूतीनां परन्तप ।
एष तूद्देशतः प्रोक्तो विभूतेर्विस्तरो मया ॥

10.41 यद्यद्विभूतिमत्सत्त्वं श्रीमदूर्जितमेव वा ।
तत्तदेवावगच्छ त्वं मम तेजोंऽशसम्भवम् ॥

10.42 अथवा बहुनैतेन किं ज्ञातेन तवार्जुन ।
विष्टभ्याहमिदं कृत्स्नम् एकांशेन स्थितो जगत् ॥

इति श्रीमद्भगवद्गीतासूपनिषत्सु ब्रह्मविद्यायां योगशास्त्रे
श्रीकृष्णार्जुनसंवादे विभूतियोगो नाम दशमोऽध्यायः ॥

CHAPTER 11
एकादशोऽध्यायः

विश्वरूपदर्शनयोगः
THE YOGA OF UNIVERSAL MANIFESTATION

अर्जुन उवाच

11.1 मदनुग्रहाय परमं गुह्यमध्यात्मसंज्ञितम् ।
यत्त्वयोक्तं वचस्तेन मोहोऽयं विगतो मम ॥

11.2 भवाप्ययौ हि भूतानां श्रुतौ विस्तरशो मया ।
त्वत्तः कमलपत्राक्ष माहात्म्यमपि चाव्ययम् ॥

11.3 एवमेतद्यथात्थ त्वम् आत्मानं परमेश्वर ।
द्रष्टुमिच्छामि ते रूपम् ऐमैश्वरं पुरुषोत्तम ॥

11.4 मन्यसे यदि तच्छक्यं मया द्रष्टुमिति प्रभो ।
योगेश्वर ततो मे त्वं दर्शयात्मानमव्ययम् ॥

श्रीभगवानुवाच

11.5 पश्य मे पार्थ रूपाणि शतशोऽथ सहस्रशः ।
नानाविधानि दिव्यानि नानावर्णाकृतीनि च ॥

11.6 पश्यादित्यान्वसून्रुद्रान् अश्विनौ मरुतस्तथा ।
बहून्यदृष्टपूर्वाणि पश्याश्चर्याणि भारत ॥

11.7 इहैकस्थं जगत्कृत्स्नं पश्याद्य सचराचरम् ।
मम देहे गुडाकेश यच्चान्यद्द्रष्टुमिच्छसि ॥

11.8 न तु मां शक्यसे द्रष्टुमों अनेनैव स्वचक्षुषा ।
दिव्यं ददामि ते चक्षुः पश्य मे योगमैश्वरम् ॥

सञ्जय उवाच

11.9 एवमुक्त्वा ततो राजन् महायोगेश्वरो हरिः ।

दर्शयामास पार्थाय परमं रूपमैश्वरम् ॥

11.10 अनेकवक्त्रनयनम् अनेकाद्भुतदर्शनम् ।
अनेकदिव्याभरणं दिव्यानेकोद्यतायुधम् ॥

11.11 दिव्यमाल्याम्बरधरं दिव्यगन्धानुलेपनम् ।
सर्वाश्चर्यमयं देवम् अनन्तं विश्वतोमुखम् ॥

11.12 दिवि सूर्यसहस्रस्य भवेद्युगपदुत्थिता ।
यदि भाः सदृशी सा स्यात् भासस्तस्य महात्मनः ॥

11.13 तत्रैकस्थं जगत्कृत्स्नं प्रविभक्तमनेकधा ।
अपश्यद्देवदेवस्य शरीरे पाण्डवस्तदा ॥

11.14 ततः स विस्मयाविष्टो हृष्टरोमा धनञ्जयः ।
प्रणम्य शिरसा देवं कृताञ्जलिरभाषत ॥

अर्जुन उवाच

11.15 पश्यामि देवांस्तव देव देहे सर्वांस्तथा भूतविशेषसङ्घान् ।
ब्रह्माणमीशं कमलासनस्थम् ऋषींश्च सर्वानुरगांश्च दिव्यान् ॥

11.16 अनेकबाहूदरवक्त्रनेत्रं पश्यामि त्वां सर्वतोऽनन्तरूपम् ।
नान्तं न मध्यं न पुनस्तवादिं पश्यामि विश्वेश्वर विश्वरूप ॥

11.17 किरीटिनं गदिनं चक्रिणं च तेजोराशिं सर्वतो दीप्तिमन्तम् ।
पश्यामि त्वां दुर्निरीक्ष्यं समन्तात् दीप्तानलार्कद्युतिमप्रमेयम् ॥

11.18 त्वमक्षरं परमं वेदितव्यं त्वमस्य विश्वस्य परं निधानम् ।
त्वमव्ययः शाश्वतधर्मगोप्ता सनातनस्त्वं पुरुषो मतो मे ॥

11.19 अनादिमध्यान्तमनन्तवीर्यम् अनन्तबाहुं शशिसूर्यनेत्रम् ।
पश्यामि त्वां दीप्तहुताशवक्त्रं स्वतेजसा विश्वमिदं तपन्तम् ॥

11.20 द्यावापृथिव्योरिदमन्तरं हि व्याप्तं त्वयैकेन दिशश्च सर्वाः ।
दृष्ट्वाऽद्भुतं रूपमुग्रं तवेदं लोकत्रयं प्रव्यथितं महात्मन् ॥

11.21 अमी हि त्वां सुरसङ्घा विशन्ति केचिद्भीताः प्राञ्जलयो गृणन्ति ।
स्वस्तीत्युक्त्वा महर्षिसिद्धसङ्घा स्तुवन्ति त्वा स्तुतिभिः पुष्कलाभिः ।।

11.22 रुद्रादित्या वसवो ये च साध्या विश्वेऽश्विनौ मरुतश्चोष्मपाश्च ।
गन्धर्वयक्षासुरसिद्धसङ्घा वीक्षन्ते त्वां विस्मिताश्चैव सर्वे ।।

11.23 रूपं महत्ते बहुवक्त्रनेत्रं महाबहो बहुबाहूरुपादम् ।
बहूदरं बहुदंष्ट्राकरालं दृष्ट्वा लोकाः प्रव्यथितास्तथाऽहम् ।।

11.24 नभःस्पृशं दीप्तमनेकवर्णं व्यात्ताननं दीप्तविशालनेत्रम् ।
दृष्ट्वा हि त्वां प्रव्यथितान्तरात्मा धृतिं न विन्दामि शमं च विष्णो ।।

11.25 दंष्ट्राकरालानि च ते मुखानि दृष्ट्वैव कालानलसन्निभानि ।
दिशो न जाने न लभे च शर्म प्रसीद देवेश जगन्निवास ।।

11.26 अमी च त्वां धृतराष्ट्रस्य पुत्राः सर्वे सहैवावनिपालसङ्घैः ।
भीष्मो द्रोणः सूतपुत्रस्तथासौ सहास्मदीयैरपि योधमुख्यैः ।।

11.27 वक्त्राणि ते त्वरमाणा विशन्ति दंष्ट्राकरालानि भयानकानि ।
केचिद्विलग्ना दशनान्तरेषु सन्दृश्यन्ते चूर्णितैरुत्तमाङ्गैः ।।

11.28 यथा नदीनां बहवोऽम्बुवेगाः समुद्रमेवाभिमुखा द्रवन्ति ।
तथा तवामी नरलोकवीरा विशन्ति वक्त्राण्यभिविज्वलन्ति ।।

11.29 यथा प्रदीप्तं ज्वलनं पतङ्गा विशन्ति नाशाय समृद्धवेगाः ।
तथैव नाशाय विशन्ति लोकाः तवापि वक्त्राणि समृद्धवेगाः ।।

11.30 लेलिह्यसे ग्रसमानः समन्तात् लोकान्समग्रान्वदनैर्ज्वलद्भिः ।
तेजोभिरापूर्य जगत्समग्रं भासस्तवोग्राः प्रतपन्ति विष्णो ।।

11.31 आख्याहि मे को भवानुग्ररूपो नमोऽस्तु ते देववर प्रसीद ।
विज्ञातुमिच्छामि भवन्तमाद्यं न हि प्रजानामि तव प्रवृत्तिम् ।।

श्रीभगवानुवाच

11.32 कालोऽस्मि लोकक्षयकृत्प्रवृद्धो लोकान्समाहर्तुमिह प्रवृत्तः ।
ऋतेऽपि त्वां न भविष्यन्ति सर्वे येऽवस्थिताः प्रत्यनीकेषु योधाः ॥

11.33 तस्मात्त्वमुत्तिष्ठ यशो लभस्व जित्वा शत्रून्भुङ्क्ष्व राज्यं समृद्धम् ।
मयैवैते निहताः पूर्वमेव निमित्तमात्रं भव सव्यसाचिन् ॥

11.34 द्रोणं च भीष्मं च जयद्रथं च कर्णं तथाऽन्यानपि योधवीरान् ।
मया हतांस्त्वं जहि मा व्यथिष्ठा युद्ध्यस्व जेतासि रणे सपत्नान् ॥

सञ्जय उवाच

11.35 एतच्छ्रुत्वा वचनं केशवस्य कृताञ्जलिर्वेपमानः किरीटी ।
नमस्कृत्वा भूय एवाह कृष्णं सगद्गदं भीतभीतः प्रणम्य ॥

अर्जुन उवाच

11.36 स्थाने हृषीकेश तव प्रकीर्त्या जगत्प्रहृष्यत्यनुरज्यते च ।
रक्षांसि भीतानि दिशो द्रवन्ति सर्वे नमस्यन्ति च सिद्धसङ्घाः ॥

11.37 कस्माच्च ते न नमेरन्महात्मन् गरीयसे ब्रह्मणोऽप्यादिकर्त्रे ।
अनन्त देवेश जगन्निवास त्वमक्षरं सदसत्तत्परं यत् ॥

11.38 त्वमादिदेवः पुरुषः पुराणः त्वमस्य विश्वस्य परं निधानम् ।
वेत्तासि वेद्यं च परं च धाम त्वया ततं विश्वमनन्तरूप ॥

11.39 वायुर्यमोऽग्निर्वरुणः शशाङ्कः प्रजापतिस्त्वं प्रपितामहश्च ।
नमो नमस्तेऽस्तु सहस्रकृत्वः पुनश्च भूयोऽपि नमो नमस्ते ॥

11.40 नमः पुरस्तादथ पृष्ठतस्ते नमोऽस्तु ते सर्वत एव सर्व ।
अनन्तवीर्यामितविक्रमस्त्वं सर्वं समाप्नोषि ततोऽसि सर्वः ॥

11.41 सखेति मत्वा प्रसभं यदुक्तं हे कृष्ण हे यादव हे सखेति ।
अजानता महिमानं तवेदं मया प्रमादात्प्रणयेन वापि ॥

11.42 यच्चावहासार्थमसत्कृतोऽसि विहारशय्यासनभोजनेषु ।
एकोऽथवाप्यच्युत तत्समक्षं तत्क्षामये त्वामहमप्रमेयम् ॥

11.43 पितासि लोकस्य चराचरस्य त्वमस्य पूज्यश्च गुरुर्गरीयान् ।

न त्वत्समोऽस्त्यभ्यधिकः कुतोऽन्यो लोकत्रयेऽप्यप्रतिमप्रभाव ॥

11.44 तस्मात्प्रणम्य प्रणिधाय कायं प्रसादये त्वामहमीशमीड्यम् ।
पितेव पुत्रस्य सखेव सख्युः प्रियः प्रियायार्हसि देव सोढुम् ॥

11.45 अदृष्टपूर्वं हृषितोऽस्मि दृष्ट्वा भयेन च प्रव्यथितं मनो मे ।
तदेव मे दर्शय देव रूपं प्रसीद देवेश जगन्निवास ॥

11.46 किरीटिनं गदिनं चक्रहस्तम् इच्छामि त्वां द्रष्टुमहं तथैव ।
तेनैव रूपेण चतुर्भुजेन सहस्रबाहो भव विश्वमूर्ते ॥

श्रीभगवानुवाच

11.47 मया प्रसन्नेन तवार्जुनेदं रूपं परं दर्शितमात्मयोगात् ।
तेजोमयं विश्वमनन्तमाद्यं यन्मे त्वदन्येन न दृष्टपूर्वम् ॥

11.48 न वेदयज्ञाध्ययनैर्न दानैः न च क्रियाभिर्न तपोभिरुग्रैः ।
एवंरूपः शक्य अहं नृलोके द्रष्टुं त्वदन्येन कुरुप्रवीर ॥

11.49 मा ते व्यथा मा च विमूढभावो दृष्ट्वा रूपं घोरमीदृङ्ममेदम् ।
व्यपेतभीः प्रीतमनाः पुनस्त्वं तदेव मे रूपमिदं प्रपश्य ॥

सञ्जय उवाच

11.50 इत्यर्जुनं वासुदेवस्तथोक्त्वा स्वकं रूपं दर्शयामास भूयः ।
आश्वासयामास च भीतमेनं भूत्वा पुनः सौम्यवपुर्महात्मा ॥

अर्जुन उवाच

11.51 दृष्ट्वेदं मानुषं रूपं तव सौम्यं जनार्दन ।
इदानीमस्मि संवृत्तः सचेताः प्रकृतिं गतः ॥

श्रीभगवानुवाच

11.52 सुदुर्दर्शमिदं रूपं दृष्टवानसि यन्मम ।
देवा अप्यस्य रूपस्य नित्यं दर्शनकाङ्क्षिणः ॥

11.53 नाहं वेदैर्न तपसा न दानेन न चेज्यया ।
शक्य एवंविधो द्रष्टुं दृष्टवानसि मां यथा ॥

11.54	भक्त्या त्वनन्यया	शक्य अहमेवंविधोऽर्जुन ।
	ज्ञातुं द्रष्टुं च तत्त्वेन	प्रवेष्टुं च परन्तप ॥
11.55	मत्कर्मकृन्मत्परमो	मद्भक्तः सङ्गवर्जितः ।
	निर्वैरः सर्वभूतेषु	यः स मामेति पाण्डव ॥

इति श्रीमद्भगवद्गीतासूपनिषत्सु ब्रह्मविद्यायां योगशास्त्रे
श्रीकृष्णार्जुनसंवादे विश्वरूपदर्शनयोगो नामैकादशोऽध्यायः ॥

CHAPTER 12
द्वादशोऽध्यायः

भक्तियोगः
YOGA OF DEVOTION

अर्जुन उवाच

12.1	एवं सततयुक्ता ये	भक्तास्त्वां पर्युपासते ।
	ये चाप्यक्षरमव्यक्तं	तेषां के योगवित्तमाः ॥

श्रीभगवानुवाच

12.2	मय्यावेश्य मनो ये मां	नित्ययुक्ता उपासते ।
	श्रद्धया परयोपेताः	ते मे युक्ततमा मताः ॥
12.3	ये त्वक्षरमनिर्देश्यम्	अव्यक्तं पर्युपासते ।
	सर्वत्रगमचिन्त्यं च	कूटस्थमचलं ध्रुवम् ॥
12.4	सन्नियम्येन्द्रियग्रामं	सर्वत्र समबुद्धयः ।
	ते प्राप्नुवन्ति मामेव	सर्वभूतहिते रताः ॥
12.5	क्लेशोऽधिकतरस्तेषाम्	अव्यक्तासक्तचेतसाम् ।
	अव्यक्ता हि गतिर्दुःखं	देहवद्भिरवाप्यते ॥

12.6 ये तु सर्वाणि कर्माणि मयि संन्यस्य मत्पराः ।
अनन्येनैव योगेन मां ध्यायन्त उपासते ।।

12.7 तेषामहं समुद्धर्ता मृत्युसंसारसागरात् ।
भवामि नचिरात्पार्थ मय्यावेशितचेतसाम् ।।

12.8 मय्येव मन आधत्स्व मयि बुद्धिं निवेशय ।
निवसिष्यसि मय्येव अत ऊर्ध्वं न संशयः ।।

12.9 अथ चित्तं समाधातुं न शक्नोषि मयि स्थिरम् ।
अभ्यासयोगेन ततो मामिच्छाप्तुं धनञ्जय ।।

12.10 अभ्यासेऽप्यसमर्थोऽसि मत्कर्मपरमो भव ।
मदर्थमपि कर्माणि कुर्वन्सिद्धिमवाप्स्यसि ।।

12.11 अथैतदप्यशक्तोऽसि कर्तुं मद्योगमाश्रितः ।
सर्वकर्मफलत्यागं ततः कुरु यतात्मवान् ।।

12.12 श्रेयो हि ज्ञानमभ्यासात् ज्ञानाद्ध्यानं विशिष्यते ।
ध्यानात्कर्मफलत्यागः त्यागाच्छान्तिरनन्तरम् ।।

12.13 अद्वेष्टा सर्वभूतानां मैत्रः करुण एव च ।
निर्ममो निरहङ्कारः समदुःखसुखः क्षमी ।।

12.14 सन्तुष्टः सततं योगी यतात्मा दृढनिश्चयः ।
मय्यर्पितमनोबुद्धिर्यो मद्भक्तः स मे प्रियः ।।

12.15 यस्मान्नोद्विजते लोको लोकान्नोद्विजते च यः ।
हर्षामर्षभयोद्वेगैः मुक्तो यः स च मे प्रियः ।।

12.16 अनपेक्षः शुचिर्दक्ष उदासीनो गतव्यथः ।

सर्वारम्भपरित्यागी	यो मद्भक्तः स मे प्रियः ॥
12.17 यो न हृष्यति न द्वेष्टि	न शोचति न काङ्क्षति ।
शुभाशुभपरित्यागी	भक्तिमान्यः स मे प्रियः ॥
12.18 समः शत्रौ च मित्रे च	तथा मानापमानयोः ।
शीतोष्णसुखदुःखेषु	समः सङ्गविवर्जितः ॥
12.19 तुल्यनिन्दास्तुतिर्मौनी	सन्तुष्टो येन केनचित् ।
अनिकेतः स्थिरमतिः	भक्तिमान्मे प्रियो नरः ॥
12.20 ये तु धर्म्यामृतमिदं	यथोक्तं पर्युपासते ।
श्रद्दधाना मत्परमा	भक्तास्तेऽतीव मे प्रियाः ॥

इति श्रीमद्भगवद्गीतासूपनिषत्सु ब्रह्मविद्यायां योगशास्त्रे श्रीकृष्णार्जुनसंवादे भक्तियोगो नाम द्वादशोऽध्यायः ।

CHAPTER 13
त्रयोदशोऽध्यायः

क्षेत्रक्षेत्रज्ञविभागयोगः
THE YOGA OF "THE BODY AND ITS KNOWER"
अर्जुन उवाच

Arjuna's sam˜skṛt words :

13.1 प्रकृतिं पुरुषं चैव	क्षेत्रं क्षेत्रज्ञमेव च ।
एतद्वेदितुमिच्छामि	ज्ञानं ज्ञेयं च केशव ॥

श्रीभगवानुवाच

13.2 इदं शरीरं कौन्तेय	क्षेत्रमित्यभिधीयते ।
एतद्यो वेत्ति तं प्राहुः	क्षेत्रज्ञ इति तद्विदः ॥
13.3 क्षेत्रज्ञं चापि मां विद्धि	सर्वक्षेत्रेषु भारत ।

क्षेत्रक्षेत्रज्ञयोर्ज्ञानं यत्तज्ज्ञानं मतं मम ॥

13.4 तत्क्षेत्रं यच्च यादृक्च यद्विकारि यतश्च यत् ।
स च यो यत्प्रभावश्च तत्समासेन मे शृणु ॥

13.5 ऋषिभिर्बहुधा गीतं छन्दोभिर्विविधैः पृथक् ।
ब्रह्मसूत्रपदैश्चैव हेतुमद्भिर्विनिश्चितैः ॥

13.6 महाभूतान्यहङ्कारो बुद्धिरव्यक्तमेव च ।
इन्द्रियाणि दशैकं च पञ्च चेन्द्रियगोचराः ॥

13.7 इच्छा द्वेषः सुखं दुःखं सङ्घातश्चेतना धृतिः ।
एतत्क्षेत्रं समासेन सविकारमुदाहृतम् ॥

13.8 अमानित्वमदम्भित्वम् अहिंसा क्षान्तिरार्जवम् ।
आचार्योपासनं शौचं स्थैर्यमात्मविनिग्रहः ॥

13.9 इन्द्रियार्थेषु वैराग्यम् अनहङ्कार एव च ।
जन्ममृत्युजराव्याधि- -दुःखदोषानुदर्शनम् ॥

13.10 असक्तिरनभिष्वङ्गः पुत्रदारगृहादिषु ।
नित्यं च समचित्तत्वम् इष्टानिष्टोपपत्तिषु ॥

13.11 मयि चानन्ययोगेन भक्तिरव्यभिचारिणी ।
विविक्तदेशसेवित्वम् अरतिर्जनसंसदि ॥

13.12 अध्यात्मज्ञाननित्यत्वं तत्त्वज्ञानार्थदर्शनम् ।
एतज्ज्ञानमिति प्रोक्तम् अज्ञानं यदतोऽन्यथा ॥

13.13 ज्ञेयं यत्तत्प्रवक्ष्यामि यज्ज्ञात्वामृतमश्नुते ।
अनादिमत्परं ब्रह्म न सत्तन्नासदुच्यते ॥

13.14 सर्वतःपाणिपादं तत् सर्वतोऽक्षिशिरोमुखम् ।
सर्वतःश्रुतिमल्लोके सर्वमावृत्य तिष्ठति ॥

13.15 सर्वेन्द्रियगुणाभासं सर्वेन्द्रियविवर्जितम् ।

असक्तं सर्वभृच्चैव निर्गुणं गुणभोक्तृ च ॥

13.16 बहिरन्तश्च भूतानाम् अचरं चरमेव च ।
सूक्ष्मत्वात्तदविज्ञेयं दूरस्थं चान्तिके च तत् ॥

13.17 अविभक्तं च भूतेषु विभक्तमिव च स्थितम् ।
भूतभर्तृ च तज्ज्ञेयं ग्रसिष्णु प्रभविष्णु च ॥

13.18 ज्योतिषामपि तज्ज्योतिः तमसः परमुच्यते ।
ज्ञानं ज्ञेयं ज्ञानगम्यं हृदि सर्वस्य विष्ठितम् ॥

13.19 इति क्षेत्रं तथा ज्ञानं ज्ञेयं चोक्तं समासतः ।
मद्भक्त एतद्विज्ञाय मद्भावायोपपद्यते ॥

13.20 प्रकृतिं पुरुषं चैव विद्ध्यनादी उभावपि ।
विकारांश्च गुणांश्चैव विद्धि प्रकृतिसम्भवान् ॥

13.21 कार्यकरणकर्तृत्वे हेतुः प्रकृतिरुच्यते ।
पुरुषः सुखदुःखानां भोक्तृत्वे हेतुरुच्यते ॥

13.22 पुरुषः प्रकृतिस्थो हि भुङ्क्ते प्रकृतिजान्गुणान् ।
कारणं गुणसङ्गोऽस्य सदसद्योनिजन्मसु ॥

13.23 उपद्रष्टानुमन्ता च भर्ता भोक्ता महेश्वरः ।
परमात्मेति चाप्युक्तो देहेऽस्मिन्पुरुषः परः ॥

13.24 य एवं वेत्ति पुरुषं प्रकृतिं च गुणैः सह ।
सर्वथा वर्तमानोऽपि न स भूयोऽभिजायते ॥

13.25 ध्यानेनात्मनि पश्यन्ति केचिदात्मानमात्मना ।
अन्ये साङ्ख्येन योगेन कर्मयोगेन चापरे ॥

13.26 अन्ये त्वेवमजानन्तः श्रुत्वान्येभ्य उपासते ।
तेऽपि चातितरन्त्येव मृत्युं श्रुतिपरायणाः ॥

13.27 यावत्सञ्जायते किञ्चित् सत्त्वं स्थावरजङ्गमम् ।

क्षेत्रक्षेत्रज्ञसंयोगात् तद्विद्धि भरतर्षभ ॥

13.28 समं सर्वेषु भूतेषु तिष्ठन्तं परमेश्वरम् ।
विनश्यत्स्वविनश्यन्तं यः पश्यति स पश्यति ॥

13.29 समं पश्यन्हि सर्वत्र समवस्थितमीश्वरम् ।
न हिनस्त्यात्मनात्मानं ततो याति परां गतिम् ॥

13.30 प्रकृत्यैव च कर्माणि क्रियमाणानि सर्वशः ।
यः पश्यति तथात्मानम् अकर्तारं स पश्यति ॥

13.31 यदा भूतपृथग्भावम् एकस्थमनुपश्यति ।
तत एव च विस्तारं ब्रह्म सम्पद्यते तदा ॥

13.32 अनादित्वान्निर्गुणत्वात् परमात्मायमव्ययः ।
शरीरस्थोऽपि कौन्तेय न करोति न लिप्यते ॥

13.33 यथा सर्वगतं सौक्ष्म्यात् आकाशं नोपलिप्यते ।
सर्वत्रावस्थितो देहे तथात्मा नोपलिप्यते ॥

13.34 यथा प्रकाशयत्येकः कृत्स्नं लोकमिमं रविः ।
क्षेत्रं क्षेत्री तथा कृत्स्नं प्रकाशयति भारत ॥

13.35 क्षेत्रक्षेत्रज्ञयोरेवम् अन्तरं ज्ञानचक्षुषा ।
भूतप्रकृतिमोक्षं च ये विदुर्यान्ति ते परम् ॥

इति श्रीमद्भगवद्गीतासूपनिषत्सु ब्रह्मविद्यायां योगशास्त्रे श्रीकृष्णार्जुनसंवादे क्षेत्रक्षेत्रज्ञविभागयोगो नाम त्रयोदशोऽध्यायः ।

CHAPTER 14
चतुर्दशोऽध्यायः
गुणत्रयविभागयोगः
THE YOGA PERTAINING TO "THE THREE ATTRIBUTES"

श्रीभगवानुवाच

14.1 परं भूयः प्रवक्ष्यामि ज्ञानानां ज्ञानमुत्तमम् ।
यज्ज्ञात्वा मुनयः सर्वे परां सिद्धिमितो गताः ॥

14.2 इदं ज्ञानमुपाश्रित्य मम साधर्म्यमागताः ।
सर्गेऽपि नोपजायन्ते प्रलये न व्यथन्ति च ॥

14.3 मम योनिर्महद्ब्रह्म तस्मिन्गर्भं दधाम्यहम् ।
सम्भवः सर्वभूतानां ततो भवति भारत ॥

14.4 सर्वयोनिषु कौन्तेय मूर्तयः सम्भवन्ति याः ।
तासां ब्रह्म महद्योनिः अहं बीजप्रदः पिता ॥

14.5 सत्त्वं रजस्तम इति गुणाः प्रकृतिसम्भवाः ।
निबध्नन्ति महाबाहो देहे देहिनमव्ययम् ॥

14.6 तत्र सत्त्वं निर्मलत्वात् प्रकाशकमनामयम् ।
सुखसङ्गेन बध्नाति ज्ञानसङ्गेन चानघ ॥

14.7 रजो रागात्मकं विद्धि तृष्णासङ्गसमुद्भवम् ।
तन्निबध्नाति कौन्तेय कर्मसङ्गेन देहिनम् ॥

14.8 तमस्त्वज्ञानजं विद्धि मोहनं सर्वदेहिनाम् ।
प्रमादालस्यनिद्राभिः तन्निबध्नाति भारत ॥

14.9 सत्त्वं सुखे सञ्जयति रजः कर्मणि भारत ।
ज्ञानमावृत्य तु तमः प्रमादे सञ्जयत्युत ॥

14.10 रजस्तमश्चाभिभूय सत्त्वं भवति भारत ।

रजः सत्त्वं तमश्चैव तमः सत्त्वं रजस्तथा ॥

14.11 सर्वद्वारेषु देहेऽस्मिन् प्रकाश उपजायते ।
ज्ञानं यदा तदा विद्यात् विवृद्धं सत्त्वमित्युत ॥

14.12 लोभः प्रवृत्तिरारम्भः कर्मणामशमः स्पृहा ।
रजस्येतानि जायन्ते विवृद्धे भरतर्षभ ॥

14.13 अप्रकाशोऽप्रवृत्तिश्च प्रमादो मोह एव च ।
तमस्येतानि जायन्ते विवृद्धे कुरुनन्दन ॥

14.14 यदा सत्त्वे प्रवृद्धे तु प्रलयं याति देहभृत् ।
तदोत्तमविदां लोकान् अमलान्प्रतिपद्यते ॥

14.15 रजसि प्रलयं गत्वा कर्मसङ्गिषु जायते ।
तथा प्रलीनस्तमसि मूढयोनिषु जायते ॥

14.16 कर्मणः सुकृतस्याहुः सात्त्विकं निर्मलं फलम् ।
रजसस्तु फलं दुःखम् अज्ञानं तमसः फलम् ॥

14.17 सत्त्वात्सञ्जायते ज्ञानं रजसो लोभ एव च ।
प्रमादमोहौ तमसो भवतोऽज्ञानमेव च ॥

14.18 ऊर्ध्वं गच्छन्ति सत्त्वस्था मध्ये तिष्ठन्ति राजसाः ।
जघन्यगुणवृत्तिस्था अधो गच्छन्ति तामसाः ॥

14.19 नान्यं गुणेभ्यः कर्तारं यदा द्रष्टानुपश्यति ।
गुणेभ्यश्च परं वेत्ति मद्भावं सोऽधिगच्छति ॥

14.20 गुणानेतानतीत्य त्रीन् देही देहसमुद्भवान् ।
जन्ममृत्युजरादुःखैः विमुक्तोऽमृतमश्नुते ॥

अर्जुन उवाच

14.21 कैर्लिङ्गैस्त्रीन्गुणानेतान् अतीतो भवति प्रभो ।
किमाचारः कथं चैतान् त्रीन्गुणानतिवर्तते ॥

श्रीभगवानुवाच

14.22 प्रकाशं च प्रवृत्तिं च मोहमेव च पाण्डव ।
न द्वेष्टि सम्प्रवृत्तानि न निवृत्तानि काङ्क्षति ॥

14.23 उदासीनवदासीनो गुणैर्यो न विचाल्यते ।
गुणा वर्तन्त इत्येव योऽवतिष्ठति नेङ्गते ॥

14.24 समदुःखसुखः स्वस्थः समलोष्टाश्मकाञ्चनः ।
तुल्यप्रियाप्रियो धीरः तुल्यनिन्दात्मसंस्तुतिः ॥

14.25 मानापमानयोस्तुल्यः तुल्यो मित्रारिपक्षयोः ।
सर्वारम्भपरित्यागी गुणातीतः स उच्यते ॥

14.26 मां च योऽव्यभिचारेण भक्तियोगेन सेवते ।
स गुणान्समतीत्यैतान् ब्रह्मभूयाय कल्पते ॥

14.27 ब्रह्मणो हि प्रतिष्ठाहम् अमृतस्याव्ययस्य च ।
शाश्वतस्य च धर्मस्य सुखस्यैकान्तिकस्य च ॥

इति श्रीमद्भगवद्गीतासूपनिषत्सु ब्रह्मविद्यायां योगशास्त्रे
श्रीकृष्णार्जुनसंवादे गुणत्रयविभागयोगो नाम चतुर्दशोऽध्यायः ।

CHAPTER 15
पञ्चदशोऽध्यायः

पुरुषोत्तमयोगः

THE YOGA PERTAINING TO "THE SUPREME BEING"

श्रीभगवानुवाच

15.1 ऊर्ध्वमूलमधःशाखम् अश्वत्थं प्राहुरव्ययम् ।
छन्दांसि यस्य पर्णानि यस्तं वेद स वेदवित् ॥

15.2 अधश्चोर्ध्वं प्रसृतास्तस्य शाखा गुणप्रवृद्धा विषयप्रवालाः ।
अधश्च मूलान्यनुसन्ततानि कर्मानुबन्धीनि मनुष्यलोके ॥

15.3 न रूपमस्येह तथोपलभ्यते नान्तो न चादिर्न च सम्प्रतिष्ठा ।
अश्वत्थमेनं सुविरूढमूलम् असङ्गशस्त्रेण दृढेन छित्त्वा ॥

15.4 ततः पदं तत्परिमार्गितव्यं यस्मिन्गता न निवर्तन्ति भूयः ।
तमेव चाद्यं पुरुषं प्रपद्ये यतः प्रवृत्तिः प्रसृता पुराणी ॥

15.5 निर्मानमोहा जितसङ्गदोषा अध्यात्मनित्या विनिवृत्तकामाः ।
द्वन्द्वैर्विमुक्ताः सुखदुःखसंज्ञैः गच्छन्त्यमूढाः पदमव्ययं तत् ॥

15.6 न तद्भासयते सूर्यो न शशाङ्को न पावकः ।
यद्गत्वा न निवर्तन्ते तद्धाम परमं मम ॥

15.7 ममैवांशो जीवलोके जीवभूतः सनातनः ।
मनःषष्ठानीन्द्रियाणि प्रकृतिस्थानि कर्षति ॥

15.8 शरीरं यदवाप्नोति यच्चाप्युत्क्रामतीश्वरः ।
गृहीत्वैतानि संयाति वायुर्गन्धानिवाशयात् ॥

15.9 श्रोत्रं चक्षुः स्पर्शनं च रसनं घ्राणमेव च ।
अधिष्ठाय मनश्चायं विषयानुपसेवते ॥

15.10 उत्क्रामन्तं स्थितं वापि भुञ्जानं वा गुणान्वितम् ।
विमूढा नानुपश्यन्ति पश्यन्ति ज्ञानचक्षुषः ॥

15.11 यतन्तो योगिनश्चैनं पश्यन्त्यात्मन्यवस्थितम् ।
यतन्तोऽप्यकृतात्मानो नैनं पश्यन्त्यचेतसः ॥

15.12 यदादित्यगतं तेजो जगद्भासयतेऽखिलम् ।
यच्चन्द्रमसि यच्चाग्नौ तत्तेजो विद्धि मामकम् ॥

15.13 गामाविश्य च भूतानि धारयाम्यहमोजसा ।
पुष्णामि चौषधीः सर्वाः सोमो भूत्वा रसात्मकः ॥

15.14 अहं वैश्वानरो भूत्वा प्राणिनां देहमाश्रितः ।
प्राणापानसमायुक्तः पचाम्यन्नं चतुर्विधम् ॥

15.15 सर्वस्य चाहं हृदि सन्निविष्टो मत्तः स्मृतिर्ज्ञानमपोहनं च ।
वेदैश्च सर्वैरहमेव वेद्यो वेदान्तकृद्वेदविदेव चाहम् ॥

15.16 द्वाविमौ पुरुषौ लोके क्षरश्चाक्षर एव च ।
क्षरः सर्वाणि भूतानि कूटस्थोऽक्षर उच्यते ॥

15.17 उत्तमः पुरुषस्त्वन्यः परमात्मेत्युदाहृतः ।
यो लोकत्रयमाविश्य बिभर्त्यव्यय ईश्वरः ॥

15.18 यस्मात्क्षरमतीतोऽहम् अक्षरादपि चोत्तमः ।
अतोऽस्मि लोके वेदे च प्रथितः पुरुषोत्तमः ॥

15.19 यो मामेवमसम्मूढो जानाति पुरुषोत्तमम् ।
स सर्वविद्भजति मां सर्वभावेन भारत ॥

15.20 इति गुह्यतमं शास्त्रम् इदमुक्तं मयानघ ।
एतद्बुद्ध्वा बुद्धिमान्स्यात् कृतकृत्यश्च भारत ॥

इति श्रीमद्भगवद्गीतासूपनिषत्सु ब्रह्मविद्यायां योगशास्त्रे
श्रीकृष्णार्जुनसंवादे पुरुषोत्तमयोगो नाम पञ्चदशोऽध्यायः ।

CHAPTER 16
षोडशोऽध्यायः

दैवासुरसंपद्विभागयोगः
THE YOGA PERTAINING TO
"THE DIVINE AND DEMONIC ATTITUDES"

श्रीभगवानुवाच

16.1 अभयं सत्त्वसंशुद्धिः ज्ञानयोगव्यवस्थितिः ।
दानं दमश्च यज्ञश्च स्वाध्यायस्तप आर्जवम् ॥

16.2 अहिंसा सत्यमक्रोधः त्यागः शान्तिरपैशुनम् ।
दया भूतेष्वलोलुप्त्वं मार्दवं ह्रीरचापलम् ॥

16.3 तेजः क्षमा धृतिः शौचम् अद्रोहो नातिमानिता ।
भवन्ति सम्पदं दैवीम् अभिजातस्य भारत ॥

16.4 दम्भो दर्पोऽभिमानश्च क्रोधः पारुष्यमेव च ।
अज्ञानं चाभिजातस्य पार्थ सम्पदमासुरीम् ॥

16.5 दैवी सम्पद्विमोक्षाय निबन्धायासुरी मता ।
मा शुचः सम्पदं दैवीम् अभिजातोऽसि पाण्डव ॥

16.6 द्वौ भूतसर्गौ लोकेऽस्मिन् दैव आसुर एव च ।
दैवो विस्तरशः प्रोक्त आसुरं पार्थ मे शृणु ॥

16.7 प्रवृत्तिं च निवृत्तिं च जना न विदुरासुराः ।
न शौचं नापि चाचारो न सत्यं तेषु विद्यते ॥

16.8 असत्यमप्रतिष्ठं ते जगदाहुरनीश्वरम् ।
अपरस्परसम्भूतं किमन्यत्कामहैतुकम् ॥

16.9 एतां दृष्टिमवष्टभ्य नष्टात्मानोऽल्पबुद्धयः ।
प्रभवन्त्युग्रकर्माणः क्षयाय जगतोऽहिताः ॥

16.10 काममाश्रित्य दुष्पूरं दम्भमानमदान्विताः ।
मोहाद्गृहीत्वासद्ग्राहान् प्रवर्तन्तेऽशुचिव्रताः ॥

16.11 चिन्तामपरिमेयां च प्रलयान्तामुपाश्रिताः ।
कामोपभोगपरमा एतावदिति निश्चिताः ॥

16.12 आशापाशशतैर्बद्धाः कामक्रोधपरायणाः ।
ईहन्ते कामभोगार्थम् अन्यायेनार्थसञ्चयान् ॥

16.13 इदमद्य मया लब्धम् इमं प्राप्स्ये मनोरथम् ।
इदमस्तीदमपि मे भविष्यति पुनर्धनम् ॥

16.14 असौ मया हतः शत्रुः हनिष्ये चापरानपि ।
ईश्वरोऽहमहं भोगी सिद्धोऽहं बलवान्सुखी ॥

16.15 आढ्योऽभिजनवानस्मि कोऽन्योऽस्ति सदृशो मया ।
यक्ष्ये दास्यामि मोदिष्य इत्यज्ञानविमोहिताः ॥

16.16 अनेकचित्तविभ्रान्ता मोहजालसमावृताः ।
प्रसक्ताः कामभोगेषु पतन्ति नरकेऽशुचौ ॥

16.17 आत्मसम्भाविताः स्तब्धा धनमानमदान्विताः ।
यजन्ते नामयज्ञैस्ते दम्भेनाविधिपूर्वकम् ॥

16.18 अहङ्कारं बलं दर्पं कामं क्रोधं च संश्रिताः ।
मामात्मपरदेहेषु प्रद्विषन्तोऽभ्यसूयकाः ॥

16.19 तानहं द्विषतः क्रूरान् संसारेषु नराधमान् ।
क्षिपाम्यजस्रमशुभान् आसुरीष्वेव योनिषु ॥

16.20 आसुरीं योनिमापन्ना मूढा जन्मनि जन्मनि ।
मामप्राप्यैव कौन्तेय ततो यान्त्यधमां गतिम् ॥

16.21 त्रिविधं नरकस्येदं द्वारं नाशनमात्मनः ।
कामः क्रोधस्तथा लोभः तस्मादेतत्त्रयं त्यजेत् ॥

16.22 एतैर्विमुक्तः कौन्तेय तमोद्वारैस्त्रिभिर्नरः ।
आचरत्यात्मनः श्रेयः ततो याति परां गतिम् ॥

16.23 यः शास्त्रविधिमुत्सृज्य वर्तते कामकारतः ।
न स सिद्धिमवाप्नोति न सुखं न परां गतिम् ॥

16.24 तस्माच्छास्त्रं प्रमाणं ते कार्याकार्यव्यवस्थितौ ।
ज्ञात्वा शास्त्रविधानोक्तं कर्म कर्तुमिहार्हसि ॥

इति श्रीमद्भगवद्गीतासूपनिषत्सु ब्रह्मविद्यायां योगशास्त्रे
श्रीकृष्णार्जुनसंवादे दैवासुरसम्पद्विभागयोगो नाम षोडषोऽध्यायः ।

CHAPTER 17
सप्तदशोऽध्यायः

श्रद्धात्रयविभागयोगः
THE YOGA PERTAINING TO "THE THREE FORMS OF FAITH"

अर्जुन उवाच

17.1 ये शास्त्रविधिमुत्सृज्य यजन्ते श्रद्धयान्विताः ।
तेषां निष्ठा तु का कृष्ण सत्त्वमाहो रजस्तमः ॥

श्रीभगवानुवाच

17.2 त्रिविधा भवति श्रद्धा देहिनां सा स्वभावजा ।
सात्त्विकी राजसी चैव तामसी चेति तां शृणु ॥

17.3 सत्त्वानुरूपा सर्वस्य श्रद्धा भवति भारत ।
श्रद्धामयोऽयं पुरुषो यो यच्छ्रद्धः स एव सः ॥

17.4 यजन्ते सात्त्विका देवान् यक्षरक्षांसि राजसाः ।
प्रेतान्भूतगणांश्चान्ये यजन्ते तामसा जनाः ॥

17.5 अशास्त्रविहितं घोरं तप्यन्ते ये तपो जनाः ।
दम्भाहङ्कारसंयुक्ताः कामरागबलान्विताः ॥

17.6 कर्षयन्तः शरीरस्थं भूतग्राममचेतसः ।
मां चैवान्तःशरीरस्थं तान्विद्ध्यासुरनिश्चयान् ॥

17.7 आहारस्त्वपि सर्वस्य त्रिविधो भवति प्रियः ।
यज्ञस्तपस्तथा दानं तेषां भेदमिमं शृणु ॥

17.8 आयुःसत्त्वबलारोग्य-सुखप्रीतिविवर्धनाः ।
रस्याः स्निग्धाः स्थिरा हृद्या आहाराः सात्त्विकप्रियाः ॥

17.9 कट्वम्ललवणात्युष्ण-तीक्ष्णरूक्षविदाहिनः ।
आहारा राजसस्येष्टा दुःखशोकामयप्रदाः ॥

17.10 यातयामं गतरसं पूति पर्युषितं च यत् ।

उच्छिष्टमपि चामेध्यं भोजनं तामसप्रियम् ॥

17.11 अफलाकाङ्क्षिभिर्यज्ञो विधिदृष्टो य इज्यते ।
यष्टव्यमेवेति मनः समाधाय स सात्त्विकः ॥

17.12 अभिसन्धाय तु फलं दम्भार्थमपि चैव यत् ।
इज्यते भरतश्रेष्ठ तं यज्ञं विद्धि राजसम् ॥

17.13 विधिहीनमसृष्टान्नं मन्त्रहीनमदक्षिणम् ।
श्रद्धाविरहितं यज्ञं तामसं परिचक्षते ॥

17.14 देवद्विजगुरुप्राज्ञ- -पूजनं शौचमार्जवम् ।
ब्रह्मचर्यमहिंसा च शारीरं तप उच्यते ॥

17.15 अनुद्वेगकरं वाक्यं सत्यं प्रियहितं च यत् ।
स्वाध्यायाभ्यसनं चैव वाङ्मयं तप उच्यते ॥

17.16 मनःप्रसादः सौम्यत्वं मौनमात्मविनिग्रहः ।
भावसंशुद्धिरित्येतत् तपो मानसमुच्यते ॥

17.17 श्रद्धया परया तप्तं तपस्तत्त्रिविधं नरैः ।
अफलाकाङ्क्षिभिर्युक्तैः सात्त्विकं परिचक्षते ॥

17.18 सत्कारमानपूजार्थं तपो दम्भेन चैव यत् ।
क्रियते तदिह प्रोक्तं राजसं चलमध्रुवम् ॥

17.19 मूढग्राहेणात्मनो यत् पीडया क्रियते तपः ।
परस्योत्सादनार्थं वा तत्तामसमुदाहृतम् ॥

17.20 दातव्यमिति यद्दानं दीयतेऽनुपकारिणे ।
देशे काले च पात्रे च तद्दानं सात्त्विकं स्मृतम् ॥

17.21 यत्तु प्रत्युपकारार्थं फलमुद्दिश्य वा पुनः ।
दीयते च परिक्लिष्टं तद्दानं राजसं स्मृतम् ॥

17.22 अदेशकाले यद्दानम् अपात्रेभ्यश्च दीयते ।

असत्कृतमवज्ञातं तत्तामसमुदाहृतम् ।।

17.23 ॐ तत्सदिति निर्देशो ब्रह्मणस्त्रिविधः स्मृतः ।
ब्राह्मणास्तेन वेदाश्च यज्ञाश्च विहिताः पुरा ।।

17.24 तस्मादोमित्युदाहृत्य यज्ञदानतपःक्रियाः ।
प्रवर्तन्ते विधानोक्ताः सततं ब्रह्मवादिनाम् ।।

17.25 तदित्यनभिसन्धाय फलं यज्ञतपःक्रियाः ।
दानक्रियाश्च विविधाः क्रियन्ते मोक्षकाङ्क्षिभिः ।।

17.26 सद्भावे साधुभावे च सदित्येतत्प्रयुज्यते ।
प्रशस्ते कर्मणि तथा सच्छब्दः पार्थ युज्यते ।।

17.27 यज्ञे तपसि दाने च स्थितिः सदिति चोच्यते ।
कर्म चैव तदर्थीयं सदित्येवाभिधीयते ।।

17.28 अश्रद्धया हुतं दत्तं तपस्तप्तं कृतं च यत् ।
असदित्युच्यते पार्थ न च तत्प्रेत्य नो इह ।।

इति श्रीमद्भगवद्गीतासूपनिषत्सु ब्रह्मविद्यायां योगशास्त्रे
श्रीकृष्णार्जुनसंवादे श्रद्धात्रयविभागयोगो नाम सप्तदशोऽध्यायः ।

CHAPTER 18
अष्टादशोऽध्यायः

मोक्षसंन्यासयोगः

THE YOGA PERTAINING TO "THE RENUNCIATION AND LIBERATION"

अर्जुन उवाच

18.1 संन्यासस्य महाबाहो तत्त्वमिच्छामि वेदितुम् ।
त्यागस्य च हृषीकेश पृथक्केशिनिषूदन ।।

श्रीभगवानुवाच

18.2 काम्यानां कर्मणां न्यासं संन्यासं कवयो विदुः ।
सर्वकर्मफलत्यागं प्राहुस्त्यागं विचक्षणाः ॥

18.3 त्याज्यं दोषवदित्येके कर्म प्राहुर्मनीषिणः ।
यज्ञदानतपःकर्म न त्याज्यमिति चापरे ॥

18.4 निश्चयं शृणु मे तत्र त्यागे भरतसत्तम ।
त्यागो हि पुरुषव्याघ्र त्रिविधः सम्प्रकीर्तितः ॥

18.5 यज्ञदानतपःकर्म न त्याज्यं कार्यमेव तत् ।
यज्ञो दानं तपश्चैव पावनानि मनीषिणाम् ॥

18.6 एतान्यपि तु कर्माणि सङ्गं त्यक्त्वा फलानि च ।
कर्तव्यानीति मे पार्थ निश्चितं मतमुत्तमम् ॥

18.7 नियतस्य तु संन्यासः कर्मणो नोपपद्यते ।
मोहात्तस्य परित्यागः तामसः परिकीर्तितः ॥

18.8 दुःखमित्येव यत्कर्म कायक्लेशभयात्त्यजेत् ।
स कृत्वा राजसं त्यागं नैव त्यागफलं लभेत् ॥

18.9 कार्यमित्येव यत्कर्म नियतं क्रियतेऽर्जुन ।
सङ्गं त्यक्त्वा फलं चैव स त्यागः सात्त्विको मतः ॥

18.10 न द्वेष्ट्यकुशलं कर्म कुशले नानुषज्जते ।
त्यागी सत्त्वसमाविष्टो मेधावी छिन्नसंशयः ॥

18.11 न हि देहभृता शक्यं त्यक्तुं कर्माण्यशेषतः ।
यस्तु कर्मफलत्यागी स त्यागीत्यभिधीयते ॥

18.12 अनिष्टमिष्टं मिश्रं च त्रिविधं कर्मणः फलम् ।
भवत्यत्यागिनां प्रेत्य न तु संन्यासिनां क्वचित् ॥

18.13 पञ्चैतानि महाबाहो कारणानि निबोध मे ।

साङ्ख्ये कृतान्ते प्रोक्तानि सिद्धये सर्वकर्मणाम् ॥

18.14 अधिष्ठानं तथा कर्ता करणं च पृथग्विधम् ।
विविधाश्च पृथक्चेष्टा दैवं चैवात्र पञ्चमम् ॥

18.15 शरीरवाङ्मनोभिर्यत् कर्म प्रारभते नरः ।
न्याय्यं वा विपरीतं वा पञ्चैते तस्य हेतवः ॥

18.16 तत्रैवं सति कर्तारम् आत्मानं केवलं तु यः ।
पश्यत्यकृतबुद्धित्वात् न स पश्यति दुर्मतिः ॥

18.17 यस्य नाहङ्कृतो भावो बुद्धिर्यस्य न लिप्यते ।
हत्वापि स इमाँल्लोकान् न हन्ति न निबध्यते ॥

18.18 ज्ञानं ज्ञेयं परिज्ञाता त्रिविधा कर्मचोदना ।
करणं कर्म कर्तेति त्रिविधः कर्मसङ्ग्रहः ॥

18.19 ज्ञानं कर्म च कर्ता च त्रिधैव गुणभेदतः ।
प्रोच्यते गुणसङ्ख्याने यथावच्छृणु तान्यपि ॥

18.20 सर्वभूतेषु येनैकं भावमव्ययमीक्षते ।
अविभक्तं विभक्तेषु तज्ज्ञानं विद्धि सात्त्विकम् ॥

18.21 पृथक्त्वेन तु यज्ज्ञानं नानाभावान्पृथग्विधान् ।
वेत्ति सर्वेषु भूतेषु तज्ज्ञानं विद्धि राजसम् ॥

18.22 यत्तु कृत्स्नवदेकस्मिन् कार्ये सक्तमहैतुकम् ।
अतत्त्वार्थवदल्पं च तत्तामसमुदाहृतम् ॥

18.23 नियतं सङ्गरहितम् अरागद्वेषतः कृतम् ।
अफलप्रेप्सुना कर्म यत्तत्सात्त्विकमुच्यते ॥

18.24 यत्तु कामेप्सुना कर्म साहङ्कारेण वा पुनः ।
क्रियते बहुलायासं तद्राजसमुदाहृतम् ॥

18.25 अनुबन्धं क्षयं हिंसाम् अनवेक्ष्य च पौरुषम् ।

मोहादारभ्यते कर्म यत्तत्तामसमुच्यते ॥

18.26 मुक्तसङ्गोऽनहंवादी धृत्युत्साहसमन्वितः ।
सिद्ध्यसिद्ध्योर्निर्विकारः कर्ता सात्त्विक उच्यते ॥

18.27 रागी कर्मफलप्रेप्सुः र्लुब्धो हिंसात्मकोऽशुचिः ।
हर्षशोकान्वितः कर्ता राजसः परिकीर्तितः ॥

18.28 अयुक्तः प्राकृतः स्तब्धः शठो नैष्कृतिकोऽलसः ।
विषादी दीर्घसूत्री च कर्ता तामस उच्यते ॥

18.29 बुद्धेर्भेदं धृतेश्चैव गुणतस्त्रिविधं शृणु ।
प्रोच्यमानमशेषेण पृथक्त्वेन धनञ्जय ॥

18.30 प्रवृत्तिं च निवृत्तिं च कार्याकार्ये भयाभये ।
बन्धं मोक्षं च या वेत्ति बुद्धिः सा पार्थ सात्त्विकी ॥

18.31 यया धर्ममधर्मं च कार्यं चाकार्यमेव च ।
अयथावत्प्रजानाति बुद्धिः सा पार्थ राजसी ॥

18.32 अधर्मं धर्ममिति या मन्यते तमसावृता ।
सर्वार्थान्विपरीतांश्च बुद्धिः सा पार्थ तामसी ॥

18.33 धृत्या यया धारयते मनःप्राणेन्द्रियक्रियाः ।
योगेनाव्यभिचारिण्या धृतिः सा पार्थ सात्त्विकी ॥

18.34 यया तु धर्मकामार्थान् धृत्या धारयतेऽर्जुन ।
प्रसङ्गेन फलाकाङ्क्षी धृतिः सा पार्थ राजसी ॥

18.35 यया स्वप्नं भयं शोकं विषादं मदमेव च ।
न विमुञ्चति दुर्मेधा धृतिः सा पार्थ तामसी ॥

18.36 सुखं त्विदानीं त्रिविधं शृणु मे भरतर्षभ ।
अभ्यासाद्रमते यत्र दुःखान्तं च निगच्छति ॥

18.37 यत्तदग्रे विषमिव परिणामेऽमृतोपमम् ।

तत्सुखं सात्त्विकं प्रोक्तम् आत्मबुद्धिप्रसादजम् ॥

18.38 विषयेन्द्रियसंयोगात् यत्तदग्रेऽमृतोपमम् ।
परिणामे विषमिव तत्सुखं राजसं स्मृतम् ॥

18.39 यदग्रे चानुबन्धे च सुखं मोहनमात्मनः ।
निद्रालस्यप्रमादोत्थं तत्तामसमुदाहृतम् ॥

18.40 न तदस्ति पृथिव्यां वा दिवि देवेषु वा पुनः ।
सत्त्वं प्रकृतिजैर्मुक्तं यदेभिः स्यात्त्रिभिर्गुणैः ॥

18.41 ब्राह्मणक्षत्रियविशां शूद्राणां च परन्तप ।
कर्माणि प्रविभक्तानि स्वभावप्रभवैर्गुणैः ॥

18.42 शमो दमस्तपः शौचं क्षान्तिरार्जवमेव च ।
ज्ञानं विज्ञानमास्तिक्यं ब्रह्मकर्म स्वभावजम् ॥

18.43 शौर्यं तेजो धृतिर्दाक्ष्यं युद्धे चाप्यपलायनम् ।
दानमीश्वरभावश्च क्षात्रं कर्म स्वभावजम् ॥

18.44 कृषिगौरक्ष्यवाणिज्यं वैश्यकर्म स्वभावजम् ।
परिचर्यात्मकं कर्म शूद्रस्यापि स्वभावजम् ॥

18.45 स्वे स्वे कर्मण्यभिरतः संसिद्धिं लभते नरः ।
स्वकर्मनिरतः सिद्धिं यथा विन्दति तच्छृणु ॥

18.46 यतः प्रवृत्तिर्भूतानां येन सर्वमिदं ततम् ।
स्वकर्मणा तमभ्यर्च्य सिद्धिं विन्दति मानवः ॥

18.47 श्रेयान्स्वधर्मो विगुणः परधर्मात्स्वनुष्ठितात् ।
स्वभावनियतं कर्म कुर्वन्नाप्नोति किल्बिषम् ॥

18.48 सहजं कर्म कौन्तेय सदोषमपि न त्यजेत् ।
सर्वारम्भा हि दोषेण धूमेनाग्निरिवावृताः ॥

18.49 असक्तबुद्धिः सर्वत्र जितात्मा विगतस्पृहः ।

नैष्कर्म्यसिद्धिं परमां संन्यासेनाधिगच्छति ॥

18.50 सिद्धिं प्राप्तो यथा ब्रह्म तथाप्नोति निबोध मे ।
समासेनैव कौन्तेय निष्ठा ज्ञानस्य या परा ॥

18.51 बुद्ध्या विशुद्धया युक्तो धृत्यात्मानं नियम्य च ।
शब्दादीन्विषयांस्त्यक्त्वा रागद्वेषौ व्युदस्य च ॥

18.52 विविक्तसेवी लघ्वाशी यतवाक्कायमानसः ।
ध्यानयोगपरो नित्यं वैराग्यं समुपाश्रितः ॥

18.53 अहङ्कारं बलं दर्पं कामं क्रोधं परिग्रहम् ।
विमुच्य निर्ममः शान्तो ब्रह्मभूयाय कल्पते ॥

18.54 ब्रह्मभूतः प्रसन्नात्मा न शोचति न काङ्क्षति ।
समः सर्वेषु भूतेषु मद्भक्तिं लभते पराम् ॥

18.55 भक्त्या मामभिजानाति यावान्यश्चास्मि तत्त्वतः ।
ततो मां तत्त्वतो ज्ञात्वा विशते तदनन्तरम् ॥

18.56 सर्वकर्माण्यपि सदा कुर्वाणो मद्व्यपाश्रयः ।
मत्प्रसादादवाप्नोति शाश्वतं पदमव्ययम् ॥

18.57 चेतसा सर्वकर्माणि मयि संन्यस्य मत्परः ।
बुद्धियोगमुपाश्रित्य मच्चित्तः सततं भव ॥

18.58 मच्चित्तः सर्वदुर्गाणि मत्प्रसादात्तरिष्यसि ।
अथ चेत्त्वमहङ्कारान् न श्रोष्यसि विनङ्क्ष्यसि ॥

18.59 यदहङ्कारमाश्रित्य न योत्स्य इति मन्यसे ।
मिथ्यैष व्यवसायस्ते प्रकृतिस्त्वां नियोक्ष्यति ॥

18.60 स्वभावजेन कौन्तेय निबद्धः स्वेन कर्मणा ।
कर्तुं नेच्छसि यन्मोहात् करिष्यस्यवशोऽपि तत् ॥

18.61 ईश्वरः सर्वभूतानां हृद्देशेऽर्जुन तिष्ठति ।

भ्रामयन्सर्वभूतानि यन्त्रारूढानि मायया ।।

18.62 तमेव शरणं गच्छ सर्वभावेन भारत ।
तत्प्रसादात्परां शान्तिं स्थानं प्राप्स्यसि शाश्वतम् ।।

18.63 इति ते ज्ञानमाख्यातं गुह्याद्गुह्यतरं मया ।
विमृश्यैतदशेषेण यथेच्छसि तथा कुरु ।।

18.64 सर्वगुह्यतमं भूयः शृणु मे परमं वचः ।
इष्टोऽसि मे दृढमिति ततो वक्ष्यामि ते हितम् ।।

18.65 मन्मना भव मद्भक्तो मद्याजी मां नमस्कुरु ।
मामेवैष्यसि सत्यं ते प्रतिजाने प्रियोऽसि मे ।।

18.66 सर्वधर्मान्परित्यज्य मामेकं शरणं व्रज ।
अहं त्वां सर्वपापेभ्यो मोक्षयिष्यामि मा शुचः ।।

18.67 इदं ते नातपस्काय नाभक्ताय कदाचन ।
न चाशुश्रूषवे वाच्यं न च मां योऽभ्यसूयति ।।

18.68 य इदं परमं गुह्यं मद्भक्तेष्वभिधास्यति ।
भक्तिं मयि परां कृत्वा मामेवैष्यत्यसंशयः ।।

18.69 न च तस्मान्मनुष्येषु कश्चिन्मे प्रियकृत्तमः ।
भविता न च मे तस्मात् अन्यः प्रियतरः भुवि ।।

18.70 अध्येष्यते च य इमं धर्म्यं संवादमावयोः ।
ज्ञानयज्ञेन तेनाहम् इष्टः स्यामिति मे मतिः ।।

18.71 श्रद्धावाननसूयश्च शृणुयादपि यो नरः ।
सोऽपि मुक्तः शुभाँल्लोकान् प्राप्नुयात्पुण्यकर्मणाम् ।।

18.72 कच्चिदेतच्छ्रुतं पार्थ त्वयैकाग्रेण चेतसा ।
कच्चिदज्ञानसम्मोहः प्रनष्टस्ते धनञ्जय ।।

अर्जुन उवाच

18.73 नष्टो मोहः स्मृतिर्लब्धा त्वत्प्रसादान्मयाच्युत ।
स्थितोऽस्मि गतसन्देहः करिष्ये वचनं तव ॥

सञ्जय उवाच

18.74 इत्यहं वासुदेवस्य पार्थस्य च महात्मनः ।
संवादमिममश्रौषम् अद्भुतं रोमहर्षणम् ॥

18.75 व्यासप्रसादाच्छ्रुतवान् एतद्गुह्यमहं परम् ।
योगं योगेश्वरात्कृष्णात् साक्षात्कथयतः स्वयम् ॥

18.76 राजन्संस्मृत्य संस्मृत्य संवादमिममद्भुतम् ।
केशवार्जुनयोः पुण्यं हृष्यामि च मुहुर्मुहुः ॥

18.77 तच्च संस्मृत्य संस्मृत्य रूपमत्यद्भुतं हरेः ।
विस्मयो मे महान्राजन् हृष्यामि च पुनः पुनः ॥

18.78 यत्र योगेश्वरः कृष्णो यत्र पार्थो धनुर्धरः ।
तत्र श्रीर्विजयो भूतिः ध्रुवा नीतिर्मतिर्मम ॥

इति श्रीमद्भगवद्गीतासूपनिषत्सु ब्रह्मविद्यायां योगशास्त्रे
श्रीकृष्णार्जुनसंवादे मोक्षसंन्यासयोगो नाम अष्टादशोऽध्यायः ।

www.ingramcontent.com/pod-product-compliance
Lightning Source LLC
Chambersburg PA
CBHW080023110526
44587CB00021BA/3743
* 9 7 8 1 8 9 7 4 1 6 1 9 8 *